广告生态系统变迁中的中国广告管理研究

王　昕　著

中国传媒大学出版社

目 录

序一 “十年磨一剑”的广告研究

这是王昕博士第一次独自署名的专著，对他而言具有特殊的意义。但从他写过的文章、做过的研究来讲，这却不是“第一次”。

翻阅面前这部书稿，我想到了很多。

从2004年初次认识王昕至今，整整十年。这十年，是我和他教学相长的十年。他先是跟我读硕士，然后博士。留校任教后，虽然我俩不在同一个教学单位，但他依然是我学术研究上的合作伙伴。由于我还是首都传媒经济研究基地的主任，而他是基地秘书长，因此他还是我的助手。

无论是做学生，还是做助手乃至伙伴，王昕对我帮助都很大。

最大的帮助，是教学上的帮助。黄升民教授经常教我学习新的教学手段，尤其是一些花样翻新的PPT模式，可是我这个文科脑袋始终学不会。从2009年开始，我出外讲学的大多数PPT都是王昕帮我完成的。后来，我试图请别人帮忙做过几次PPT，但总是对不上我的思路和逻辑。无奈，他再忙，我还是要请他帮我做。就这样，我们亦师亦友合作了十年。

还是回到本书吧。

这本专著是基于王昕博士论文而成书的。他对这个主题的选择和认识经历了一个不断探索的过程。此研究的最初起始点是2008年他作为骨干参与了我主持的课题“生存与选择——中国广告产业的路径判断与选择”。

此后不久，王昕又参与了“中国广告理论探索三十年（1978—2008）”项目，主要负责子课题“中国广告观念三十年变化”的研究工作。作为一个具有一定历史跨度的研究，为了体现不同时期、不同产业主体广告观念的变迁过程，课题组以社会宏观背景为出发点，选取了政治、经济、技术以及文化等多元视角，梳理了不同时期广告观念的变迁和流转。本次研究加深了他对广告管理体制成形和发展的理解。通过对1978年前后《文汇报》和《人民日报》与“广告”相关的文章进行分析，王昕提出了现行广告管理体制的确立与当代广告产业不同阶段的发展特征关系紧密这样一个结论，这在当时还没有学者提出。

在这个研究的基础上，王昕开始有意识地将广告管理放到广告产业发展的历史进程中进行思考，同时，他开始了博士阶段的学习和研究。

攻读博士学位期间，媒体技术更新带来的广告产业变迁成为其所在课题组重点关注的研究领域。2010年，他作为主要成员，参与了“中国广告的思想展望”项目。研究中他提出，宏观经济形势和新媒体技术发展对广告主、媒体、广告公司等广告产业主体的影响正在日益深化，从而催生了一些新兴广告思想。经过深入分析，他作为骨干成员的课题组总结出了“社会媒体货币化”、“人人皆广告”、“受众透明化”以及“按效果付费”四个最重要的新思想动向。这项研究成果最终在2010年中国广告论坛的主题发言中发表，并引发了广泛的讨论和思考。

通过参加这项研究，王昕有了新的观察视角，即广告产业主体变迁对广告生态系统的影响。依托课题组的资源，他从产业主体、业务链条和传播流程等多方面入手进行了一系列研究。与此同时，他还参与了“中国广告管理的观察思考”课题和“战略层面的广告考量与发展视阈的广告监管”课题。

从2008年开始进行持续性研究，经过近四年的积累，王昕明确提出，只有站在生态系统的视角，用发展的眼光，从宏观层面来重新审视快速变化的广告产业，才能有效地研究广告管理这个大课题。

我之所以不厌其烦地陈述这个过程，就是想说明：本书的呈现是一个过程，它不仅是一个扎实的研究、推演、归纳过程，同时也是对一个青年学者向学之路的忠实记录。

十年磨一剑，这是王昕向学界、业界和社会递交的一份答卷。这是一个良好的开端，相信他会不断拿出更新、更好的成果。

丁俊杰

中国传媒大学学术委员会副主任

国家广告研究院院长

首都传媒经济研究基地主任

2014年冬至

序二 广告管理的历史阶段

中国广告管理是一个复杂的命题，也是“中国式管理”的一个标准案例。在过去的三十年，中国广告业快速发展，不断转型。在这样的环境下，广告管理面临着巨大的考验。面对业界的千百现象，要实现有效管理，在今天这样一个时代，确实是一个大的命题。

王昕博士的这部书稿，是广告管理领域的一次思考和开拓。他将命题设置于信息社会成形的背景下，思辨了社会转型中广告管理的现状与走势。王昕在攻读博士学位期间，参与了多项关于广告行业整体发展的研究项目，完成了多篇广告产业的研究论文。我看到了他认真完成每一篇论文的心路历程，完成每一个项目的思考之路。我觉得他认真的态度和坚持的精神，是非常宝贵的，也是完成这部书稿的基础。

思考广告管理的发展，要基于历史背景。清晰界定广告管理的历史阶段，是研究和分析广告管理的重要方法。本书的研究明确指出，当前中国广告管理的理论和法规出现于上世纪 80 年代，形成于上世纪 90 年代。书中对广告生态环境变化进行了深入的分析，对 2000—2013 年之间广告生态环境大变化做了梳理，意在探讨十几年大变化之后，广告管理制度的适应性。2015—2020 年广告管理制度如何发展，新的历史阶段广告管理制度如何调整，也是本书潜在思考的问题。

中国广告业到底发展到一个什么样的历史阶段了呢？用观察法我们可以看到以下几个现象：第一，中国的经济发展成为全球第二大经济体，这是一个重要的标志，广告业的发展具备了相应的经济基础；第二，中国互联网媒体体量发展到了超越传统电视、报纸媒体规模的阶段，在这一阶段，意味着新媒体不断兴起，传媒已经进入了互联网时代；第三，中国消费者消费结构发生了巨大的变化，贫富分化明显，中产阶级数量增加，房地产投资比重加大，文化、旅游、医疗等方面的消费高速增长，新形态的消费结构正在形成。

广告业的不断发展，给广告管理带来了挑战，基于原有经济体量、媒体业态、消费结构的管理政策也开始面临极大的挑战。对于这些广告管理领域的问题，本书进行了非常精辟和深刻的分析。

读后掩卷归纳而言，当前中国广告管理的问题，就是广告管理的这辆“监管车”如何跟上一路狂奔、快速转型的广告业的问题。

广告管理面对的历史问题，以我自身薄见，还是理念问题。王昕博士发表过几篇论文，探讨了“为广告正名”，探讨了“中国广告的思想和路径”，这些都记载了一位青年学者对中国广告理念的思考和探索。

书稿既成，思想沉淀，也标志着王昕博士从宏观历史阶段入手的大思考有了一个阶段性成果。读着书稿，也盼着王昕博士早日启程，另开新篇。

是为序。

赵子忠

中国传媒大学新媒体研究院院长 博士生导师

2014 年 11 月 30 日

前 言

从2006年至今,我对中国广告产业的发展进行了持续性的关注和研究。研究初期,两个产业现象给我留下了深刻的印象。其一是《中华人民共和国广告法》(后文简称《广告法》)与广告业的关系:1995年颁布的《广告法》,是我国广告行业开展广告经营活动的首要依据。然而长期以来,面对广告产业环境的巨大变化,《广告法》却并未与时俱进,做出相应的调整,它的监管作用日渐捉襟见肘,而修改工作却进展缓慢。是什么原因造成了广告法规适用性的日益消解?其二是药品广告管理的困惑:新世纪以来,消费者对药品广告是毁多誉少,有关药品广告的管理政策也频频出台,然而药品广告的投放额却逐年攀升。药品广告一方面与企业的广告需求和媒体的经营收入密切相关,一方面又是违法广告的高发地带。那么,如何理解这一矛盾关系的成因呢?

上述两个问题,前者是制度与环境的关系,即如何相互磨合、调整和适应;后者是管理与市场的关系,即如何实现市场发展与广告管理之间的协调和平衡。这两个现象的长期存在,实质上显示出中国广告业在顶层设计理念上存在的欠缺。

广告管理是顶层设计理念的集中体现。我通过对1978年以来《文汇报》和《人民日报》上登载的与"广告"相关的文章进行分析发现,现行广告管理体制的确立与当代广告产业不同阶段的发展特征关系紧密。例如,上世纪70年代末,广告产业的复苏直接催生了广告管理。1981年,工商行政管理局设立了广告管理专门机构——广告处,明确了广告作为经济体系组成部分的定位。上世纪90年代初,随着商品经济和改革开放进程的不断发展,广告产业规模日益扩大,推动了广告管理理念和制度的随之升级。例如,1992年全国广告管理工作会议召开,就《广告法》的起草和广告管理的政策问题进行了深入探讨,这体现出国家政策层面对科学管理和行业规范的重视。由此可见,广告管理的演进路径,与不同时期广告产业的发展特点息息相关。

这一发现,使得我开始有意识地将广告管理放到广告产业发展的历史进程中进行思考。在颇有收获的同时,也产生了一个困惑:随着近年来广告产业增速逐渐放缓,行业日趋成熟,广告管理与广告产业发展的互动关系正在发生哪些新的变化?我们应当如何思考现阶段二者的相互影响?

很显然,如果仅从广告业这个单一视角来思考上述问题,已不足以准确描述广告产业的变化,我们还必须关注到数字传媒技术的更新带来的四个重要影响。

首先是"混媒"的广告传播环境。数字传播技术与传媒产业的快速融合,带来了媒体资源从有限到"无限"的延展,新媒体和传统媒体混合的立体式广告传播系统更新了原有的广告传播途径。

其次是广告内容的海量化。互联网等新兴媒体的出现,大大拓展了原本有限的内容承载能力边界。传统媒体有限的广告时长、广告版面升级为新媒体环境下多媒体形态的海量广告内容承载。

再其次是广告主的裂变和广告策略的调整。近年来,随着新兴行业和中、小广告主在广告市场上的表现日益抢眼,业界主要关注大企业投放行为的惯性思维正在打破。广告主的广告策略呈现出多元裂变的态势。借助新媒体平台,病毒营销、精准营销等新的广告模式正在分流传统媒体的广告预算。

最后是受众信息处理能力的大幅度提升。与传统被动接受广告的模式不同,当前受众主动搜索广告信息、主动参与广告传播和主动回避广告信息的能力大幅度加强,进而更新了受众在广告传播中的作用和价值。

广告主是广告传播的源头,广告媒体是广告传播的渠道,广告内容是广告信息的载体,受众是广告传播的目标。这四个环节的快速变迁,必将带来广告生态系统的整体更新。基于以上认识,我认为,针对当前广告管理领域出现的种种问题,我们应当从广告生态系统的更新和变化中寻找原因。换言之,我们有必要借助生态系统变迁的新视角,重新思考中国的广告管理。

具体而言,生态系统变迁中的广告管理研究,核心在于探讨广告生态系统的变化与广告管理体系之间的适应关系。从广告生态系统视角来看,新媒体营销传播方式和传统媒体广告传播模式之间的竞争已经全面开始,博弈的结果影响和决定着中国广告产业未来五年至十年的趋势和走向。从广告管理的视角来看，广告产业自身的不断创新导致了广告管理能力的根基动摇和效果缺失，传统针对具体产业实践问题的修补式研究日渐式微。这就是今天中国广告业的基础轮廓：既是一个蕴含着创新性和前沿性特征的快速更新的产业，又必须直面观念落后和管理滞后等问题造成的发展困惑。

媒体是广告信息流的重要桥梁，在当前广告生态系统的变迁中，媒体的变化无疑是最为关键的一环。一方面，媒体环境的演变直接影响着广告产品形态的变化。我们可以看到，新媒体领域有多少媒体应用，就会出现多少广告形态。另一方面，媒体环境的演变又直接影响着广告主的营销战略和媒体选择，更新着广告产业的产品规模和销售方式。因此，我认为，现阶段的广告生态系统研究应当重点关注媒体技术变革带来的广告产业更新。

总之，当前的广告产业，无论是研究发展，还是研究管理，都不能回避一个问题，即广告生态系统正在处于全面更新的变迁阶段。这种变迁，不但表现为广告行业核心技术体系的全面升级，也同时体现为广告产品形态和业务链条的日趋多元。有效地适应这些变化，是当前广告管理工作的调整方向。由此可见，只有站在生态系统的视角，用发展的眼光，从宏观层面来重新审视快速变化的广告产业，才能有效地研究广告管理课题。

因此，本书将研究视野锁定为广告生态系统变迁中的中国广告管理，旨在从这一视角切入，深入思考陈旧、滞后的管理手段与创新、多元的行业发展状态之间的矛盾根源和解决之道。

本书的研究脉络将从以下三个部分逐层展开。

第一部分是第一章、第二章，主要针对广告管理和广告生态系统进行研究，包括广告管理、广告生态系统的概念、理论体系构建以及研究文献综述。在此基础上，回顾广告管理体系与广告生态系统发展的互动和成形过程，总结广告管理的现有特征，为后续深入分析奠定基础。

第二部分是第三章，主要对广告生态系统变迁进行研究，以广告生态系统主要环节为研究对象，分析现阶段广告主、广告公司、媒体和受众层面的变迁，最终总结出当前广告生态系统变迁的主要特征。

第三部分是第四章、第五章，将结合第二章和第三章的研究，对广告管理领域现存显性问题进行分析和思考，并在此基础上，从管理基础要素和管理应用方法两个层面提出对未来广告管理演进趋势的相关思考。

本书整体研究框架如图 0—1 所示：

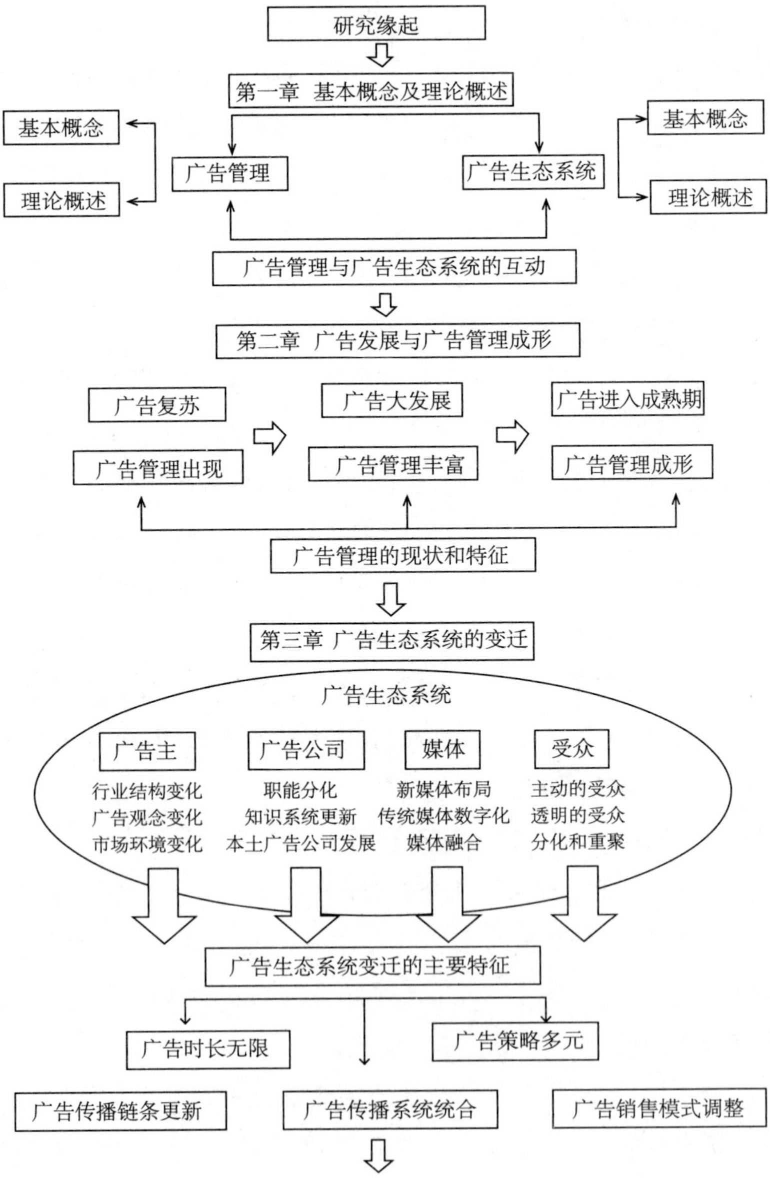

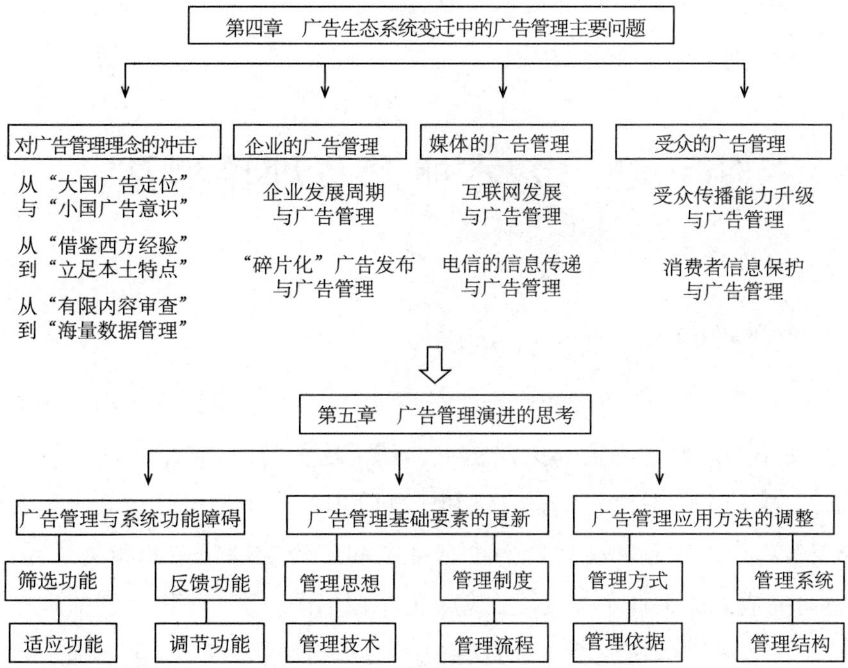

图 0—1　广告生态系统变迁中的中国广告管理研究框架

第一章　基本概念及理论概述

本书所研究的广告管理和广告生态系统，从不同的研究视角和学科范畴进行思考，有不同的概念界定和关注重点。基于这种特点，本章的内容将从三个部分展开：第一节将对广告生态系统和广告管理的几个关键性概念进行明确界定；第二节将全面回顾和梳理广告生态系统和广告管理领域的相关研究，总结出既有研究成果的关注重点、主要观点和存在局限；第三节将分别梳理广告生态系统和广告管理的研究框架，分析和思考二者的互动关系，进而描述本书的整体研究框架和研究方法。

第一节　基本概念

一、广告生态系统的基本概念

从学科分类的角度而言，广告生态系统是一个跨学科的综合概念，它来源于生物学范畴，是自然科学中的“生态学”理论和思维方式向人文科学延伸和渗透的体现。广告学者对于生态系统的关注，源于在研究中逐渐认识到自然领域与人文领域存在着某种类似之处，用生态学去思考产业环境、竞争关系、资源配置和系统控制等问题，有助于开阔视野。目前广告生态系统理论主要包括以下几个关键概念。

（一）生态系统

从词义构成上来看，“广告生态系统”是一个由三个名词构成的组合词。因此，要正确理解其概念和内涵，我们首先应该着眼于“生态系统”概念内涵的解读。

《辞海》中关于“系统”的释义有形容词和名词之分。其中，名词释义又分为生物学和非生物学两个不同视角。从生物学视角来说，“系统”专指多细胞生物体内由几种器官按一定顺序完成一种或几种生理功能的联合体。非生物学视角的“系统”则有两个内涵：其一是指“同类事物按一定的秩序和内部联系组合而成的整体，如商业系统、组织系统”；其二是指“由要素构成的有机整体”。

从这个层面上来说，系统最基本的特点是整体性、分层性和自我调整功能。所谓整体性，是指系统的功能是各组成要素在孤立状态时所不具备的。言其分层性，是因为系统往往由多个子系统（或要素）组成。此外，系统还具有随环境变化而改变其结构和功能的适应性及历时性。

从学科归属上来看，生态学属于生物学范畴，是研究生物与环境间相互关系的科学。在目前掌握的文献资料中，较早提出“生态系统”这一概念的学者是英国生态学家 Arthur G. Tansley（坦斯利）爵士（1935 年）。他将“生态系统”定义为：“在一定区域中共同栖居着的所有生物（即生物群落）与其生存环境以及生物与生物之间由于不断进行物质循环、能量流动和信息交换过程而形成的统一体。”[①]此后随着生物学的不断发展，生态系统的基础性地位愈加重要，并逐渐成为生态学的基本研究单位，现有的生态学理论体系结构和实践体系都围绕其展开。

从概念外延上来说，生态学中的生态系统概念已经超越了地理范畴的界限，不仅是一个地理区域划分的生态区，还是一个功能开放的系统，在结构和功能上，都是一个具有输入和输出功能、拥有自然或人为边界的功能系统单位。

（二）广告生态系统的概念和主体

目前，关于广告生态系统的概念尚未形成一个权威的定义。在近十年间主要广告专业学术期刊的相关论文中，学者们对于广告主、广告公司和媒体作为广告生态系统主体要素的定位基本没有异议，但对于受众应该归属于外部环境还是系统主体，却存在着不同的分类标准。

---

① 〔美〕奥德姆、巴雷特：《生态学基础》，陆健健等译，高等教育出版社 2009 年版。

例如，有学者从广告的传受关系视角出发，认为“广告产业生态系统是以广告主、广告公司、广告媒介为有机主体，通过广告信息传播活动，与个人、社会群体以及其他系统产生冲突、融合等各种关系的系统”。[①] 这一概念认为，广告主、广告公司和媒体的活动共同形成了广告信息活动，而受众群体则是与信息活动发生生态关系的外围环境，不属于广告生态系统主体。

也有学者认为，“当前广告传播生态系统的构成要素主要有广告主、广告代理机构、大众媒介、广告受众消费者、广告文本以及其他社会系统六大方面”。[②] 这一分类标准实则是将受众、广告作品和社会系统中的其他相关环节都纳入了广告生态系统主体的领域，研究的重点是这些要素之间的互动关系。

第一种分类标准主要强调广告主、广告公司和媒体三者互动合作对广告生态系统的影响。在媒体环境较为简单，受众在传播过程中参与度不强，主要以信息被动接收为主的传统媒体时期，该分类标准较为适用。而在媒体环境迅速变革，受众信息处理能力大幅度提升的今天，传受双方之间的关系已经趋于平等，受众主动参与广告传播活动的程度不断加深，对广告生态系统的影响也日趋重要。因此，应当将其纳入广告生态系统主体的研究范畴。

综上，结合上述学者的定义和自身知识储备，本书将所探讨的广告生态系统范畴确定为：由广告主、广告公司、媒体、广告受众为主体，以信息技术为手段，以媒体资源为纽带，以广告作品为载体，以满足品牌营销需求为目标，通过广告传播活动，与其他社会系统之间发生能量流动和信息交换等关系的开放式有机系统。

二、广告管理的基本概念

（一）广告管理

在广告管理研究领域，一些与广告管理相似的概念，如广告经营、广告监管、广告审查、广告行政管理等，很容易与广告管理相混淆。在梳理相关文献的

---

① 杨杰、陈相雨：《论广告产业生态系统理论的构建》，《南京林业大学学报》（人文社会科学版）2008 年第 1 期，第 101—104 页。

② 徐静、丁建辉：《论和谐广告传播生态环境的构建》，《中国广告》2007 年第 7 期，第 145—147 页。

工作中，笔者发现，造成这种现象的原因，源于广告管理概念的界定，因其视角不同，有宏观和微观差异、广义和狭义之分。为了清楚地区分这些概念，本书首先从这两个层面来梳理、比较广告管理的定义。

1. 宏观和微观层面

《中国广告年鉴 1989—1991》曾给广告管理下了一个相对宏观的定义："国家、行业、广告主和广告经营者对广告活动进行的计划、调节、监督、控制等活动的统称。"这一概念体现了广告管理主体的多样性和广告管理工作的普遍性：大至国家和广告业，小到企业和广告公司，都有着各自的广告管理范畴和职能。例如，以广告经营机构为主体的广告管理与我们常说的广告经营概念有颇多交叉之处，这是因为针对公司这类单一的经济体，人们往往将经营管理合二为一。与此相应的是，周茂君在《广告管理学》(第 2 版)中提出了相对具体的广告管理定义："国家工商行政管理机关会同广告审查机构、广告行业协会和广告社会监督组织，依照一定的广告管理法律、法规和有关政策规定，对广告行业和广告活动实施的指导、监督、控制和查处，以达到保护合法经营，取缔非法经营，查处违法广告，维护广告行业正常运行的目的，使我国广告业朝着健康、有序的方向发展。"这一定义明确了以国家和行业为管理主体的广告管理包含的构成要素、主要工作和管理目标，强调了政府管理部门在广告管理中的主导作用。张大镇等学者也就广告管理的宏观与微观差异提出了自己的观点，认为"宏观的广告管理是通过各种手段从长远、全局和整体对广告行业和一般广告活动进行规划、协调、指导、控制等的管理活动；微观的广告管理则是对具体的广告经营行为或具体的广告宣传内容进行的直接管理"。

在研究中，广告管理定义的宏观视角和微观视角差异，容易造成广告行政管理、广告审查等概念的混淆不清。对于这一点，学者周茂君在其著作《广告管理学》(第 2 版)中提出："国家行政立法管理、广告审查、广告行业自律和广告社会监督是我国广告管理的四种最基本的途径"。这实质上明确了广告审查是广告管理的途径之一，而国家行政立法则属于广告行政管理范畴。

2. 广义和狭义层面

广告管理的另一个划分标准是广义和狭义。对广义和狭义的概念范畴，目前学者们的认识虽未完全统一，但基本上都认同以是否包括广告经营作为两者的区分标准。例如，有学者提出，“广义的广告管理有四个层面：第一，政府的行政管理；第二，行业的自我规范；第三，企业的自我管理；第四，公众的社会监督”。与此相应的狭义广告管理则专指“政府职能部门对广告的监督管理，亦即以各级政府的工商行政管理部门为主体实施的广告监督管理活动”①。其中还明确指出，企业的自我管理，就是指针对“自身设计广告的经营行为和宣传内容进行的管理”。也有观点认为，“广义的广告管理主要包括广告公司的经营管理和广告行业及广告活动的社会管理两方面内容。前者是广告公司对自身内部及经营活动的管理，后者是政府职能部门、广告行业自身和社会监督组织对广告行业及广告活动的指导、监督、控制和查处，是对广告本身的管理”。②

因此，我们可以看出，广义的广告管理主要包括广告经营管理和广告社会管理两部分，其中广告经营管理的主体是广告公司等行业机构。而在我国，广告社会管理的主体则由国家工商行政管理总局等相关政府部门、中国广告协会等广告行业组织以及以消费者协会为代表的社会监督组织共同构成。

综上，本书所探讨的广告管理，着重于研究狭义的广告社会管理，并以其他相关方面的广告管理作为补充。就此意义来说，本书将主要研究目前的广告管理体制在广告实践活动中的适用性，重点分析我国以工商行政管理机关为主体，由其他广告行政审查机关、广告行业协会、企业自律机构及社会监督机构共同构成的管理体制在广告生态系统中的作用、影响和调整方向。

（二）广告管理体制

在梳理相关文献的过程中，笔者还发现，众多研究者对于广告管理体制的解读莫衷一是，甚至与一些相似概念互换使用，在一定程度上造成了概念界定的混乱和不确定。因此，下文将具体区分广告管理体制、广告管理制度、广告行政管理系统以及广告监督管理之间的异同，明确广告管理体制概念的内涵，为后续研究奠定基础。

1. 广告管理体制与广告管理制度

《辞海》对“体制”一词的释义为：“国家机关、企业事业单位在机构设置、领

---

① 张大镇、吕蓉编著：《现代广告管理》，复旦大学出版社 1999 年版。

② 周茂君：《广告管理学》（第 2 版），武汉大学出版社 2002 年版。

导隶属管理和管理权限划分等方面的体系、制度、方法、形式等的总称。"[①]可以看出,体制是一个蕴含多个层面的有机系统:从管理机构上来看,它包括机构设置、隶属关系和权限划分。从管理手段上而言,它包括制度、方法和形式等内容。由此可知,我们对于广告管理体制的理解,也应当包括两个层面:一方面是广告管理的主次层次,具体而言就是指广告管理的结构体系,在我国主要由多个相关的政府主管部门、广告行业组织和社会监督机构共同组成;另一方面是与广告管理行政系统相适应的政策、法规、制度、原则和方法,包括广告管理的政策设置、管理标准、管理导向和管理模式等方面的内容。

《辞海》对"制度"的释义为:"在一定条件下形成的法令、礼俗等规范。"因此,广告管理制度主要涵盖了广告管理的相关政策、法令和条例。如 1987 年颁布实施的《广告管理条例》,1995 年 2 月正式在全国施行的《中华人民共和国广告法》(后文简称《广告法》)都属于广告管理制度的范畴。换言之,广告管理制度是广告管理体制的组成部分之一。

2. 广告管理体制与广告管理体系

与广告管理制度类似的是,广告管理体系也往往容易与广告管理体制相混淆。当前,我国的广告管理体系由政府体系和非政府体系两部分组成,主要包括广告行政管理体系、行业自律体系和社会监督体系。其中,作为政府管理体系的广告行政管理体系是指以工商行政部门的广告主管机构为主的广告管理机关。以中国广告协会为代表的行业自律组织和以消费者协会为代表的社会监督组织则共同构成非政府广告管理体系。

由此可知,广告管理体系的概念主要是从机构设置的角度出发对广告管理活动进行界定的,与广告管理体制概念的不同之处在于,这种界定没有包含广告管理的政策、制度和原则等管理手段方面的内容。

3. 广告管理体制与广告监督管理

广告监督管理的概念也在相关论文中被大量使用。从概念上来看,广告监督与广告管理的对象各异、指向不同。广告监督主要针对广告传播和广告内容而言,在我国,政府职能部门赋予广告管理机关的广告监督功能以事后监督为

---

① 《辞海》,上海辞书出版社 2000 年版,第 644 页。

主。也就是说，广告监督主要针对在大众媒体上刊播的商品或服务信息，是面向广告内容的监督。而如前文所述，广告管理则是针对广告行业和广告活动而言的，是一个相对宏观的概念，面向广告内容的监督只是广告管理的一个领域。因此，与广告管理体制相比，广告监督管理强调的是管理对象和管理过程，更加强调动态和指向性；广告管理体制则更着眼于管理的主次关系和相应的各方面要素，更强调整体性和系统性。

综上，本书所探讨的广告管理体制可以理解为一个国家广告监管的总体框架，既包括管理机构，又包括管理手段。下文对于这一命题的思考也将主要从这两个维度剥茧抽丝、逐渐展开。

第二节　理论概述

一、广告生态系统研究

相关文献中，研究广告生态系统的学术视角主要分为两类：一类是从广告学视角出发，用生态系统的研究视角来思考广告行业发展的相关问题；另一类是从生态学角度切入，用广告行业发展现状来印证生态学的相关理论。这一研究特色既体现了广告学自身综合性和交叉性的学科特点，也说明了“生态”研究视角自身的移用价值和普遍适用性。基于此，本书也将从广告学和生态学两个研究视角出发，分别梳理广告生态系统的研究成果。

（一）广告学视角的广告生态系统研究

在我国，广告学者对生态系统研究视角的重视源于行业发展中遇到的瓶颈和困惑。金定海教授在其文章《广告生态：困境时代的隐喻》中指出，讨论广告业的生态问题，“本质上是产生于普遍的匮乏和困厄”，“用生态概念来思考广告业的文章愈来愈多”，“恰恰说明了广告业的生存艰难！”他还总结了“生态”移用为广告研究的三个指涉：“不同产业形态的自循环性、动态平衡性和环境资源的依赖性。”

金定海教授的观点，在相关论文的研究成果中得到了印证。广告学者在广告生态系统的研究中，从生态系统理论视角来反思广告行业发展相关问题的研究方法被广泛采用，主要表现在以下三个方面。

首先是对于广告问题的生态学视野思考。谢加封将虚假广告、城市小广告以及创意枯竭等问题的原因归结为广告信息生态失衡导致的“广告信息赝品”、“广告信息不足与信息冗余”和“广告信息暴力”。他认为“广告信息生态不会自发地趋向和谐，需要通过社会机制进行调适”，而“只有广告信息生态系统的相对稳定，才能促进广告产业的和谐发展，更好地发挥广告在企业营销和文化传播中的作用”。①

其次是从生态系统角度来思考广告产业主体之间的关系。徐静、丁建辉提出了对我国广告传播生态环境失谐的忧虑，认为造成这一现象的“所有复杂问题的背因都可以从广告传播生态的三大环境中寻求答案”。② 两位学者着眼于广告市场生态环境、传受生态环境和传控生态环境分析，认为“媒介强势霸权”、“广告受众话语权消失”和广告管理“法规到位、监管缺失”是当前广告生态环境失谐的主要原因。然而该研究的一些结论有值得商榷之处。例如，关于“媒介只是广告主的传声筒、代言人，在出卖受众注意力的同时也毫不留情地剥夺了受众的话语权”③这一结论的提出，明显没有考虑新媒体环境下受众信息处理能力的提升和在广告信息传播中的主动性发挥。此外，认为“广告信息经由媒介叙事，已经变成了彻头彻尾的鼓吹消费主义的文本。它鼓动人们通过消费来获得社会对个体的价值认同，主张用物欲的满足取代精神的追求”④的观点也有以偏概全的“一刀切”之嫌。

在广告生态系统主体关系研究中，有部分学者认为媒介是广告生态环境的决定因素。除上文中徐静、丁建辉提出的“媒介强势霸权”外，丁韵也认为，由于我国“媒介在本质上仍是国家和政府的代言人。媒介的这种特殊的体制属性赋予了媒介在广告市场上特殊的垄断地位，不由得广告主和广告代理公司不唯媒介马首是瞻，媒介的态度直接决定了我国的广告生态环境的质量”。⑤ 丁韵还指出，媒介存在着“价格体系混乱”、“越俎代庖，自办广告公司”等扰乱广告生态

---

① 谢加封：《论广告信息生态系统的失衡与调适》，《黑龙江生态工程职业学院学报》2007年第6期，第127—129页。

②③④ 徐静、丁建辉：《论和谐广告传播生态环境的构建》，《中国广告》2007年第7期，第145—147页。

⑤ 丁韵：《广告生态环境建设媒介应发挥主导作用》，《广告大观》（综合版）2005年第3期，第39—41页。

系统的行为，严重影响了广告市场的健康规范和运作水准。上述观点较为符合以电波媒体和平面媒体为主的传统媒体环境，但如果将视野转向后文将详细论述的“立体化”传播环境，则仍须进行更加深入的补充研究。

最后是关于广告生态系统与其他系统相互影响的研究。杨杰、陈相雨较为全面地论证了广告生态系统与传媒生态系统和文化生态系统之间的关系。做出了“广告生态系统是传媒生态系统的支撑系统”，“传媒生态要想平衡，必须依赖广告生态的平衡”以及“传媒生态的变动会直接影响广告生态的变动”等对于广告生态系统与传媒生态系统互动关系的判断。同时，他们还探讨了虚假广告与社会文化环境的关系，提出虚假广告产生的根源在于文化环境生态的失衡，“当前的文化环境生态，农耕文化中的诚信价值观正在削弱，新的适合工业文明与文化的诚信价值观念尚未形成，造假者处于文化失范状态”。① 因此，“治理虚假广告应从文化环境生态平衡开始”。②

（二）生态学视角的广告生态系统研究

与广告学视角研究不同，生态学视角的广告生态系统研究更加注重广告生态系统与自然生态系统的类比。例如，王园、楼崇认为“广告市场是广告商品交换行为、交换关系的总和，其结构、功能等与自然生态系统有很多的相同之处，故可以将二者进行类比”，“把广告市场看作生态系统，不光丰富了生态系统理论，而且为广告市场的和谐发展提供了依据”。③

此外，生态学研究视角还经常运用生态学的相关理论和分析模型来思考广告生态系统的相关问题。强月新、张明新提出了利用基于生态位理论的实证分析来研究广告资源竞争的理论视角，将生态位的理论范式移植到广告学研究领域，通过对广告生态系统“生态位宽度、生态位重叠度和生态位竞争优势”的定量测量，对不同媒体之间的生态位竞争态势进行了分析，具有一定的借鉴和参考价值。

总而言之，广告生态系统的学术成果中，无论是对系统主体关系的研究，还是针对广告生态系统与其他相关系统的探讨，都形成了较为系统的研究结论。

---

①② 杨杰、陈相雨：《文化环境生态失衡与虚假广告的产生》，《广告大观》（理论版）2009 年第 3 期，第 100—104 页。

③ 王园、楼崇：《广告市场生态特征的探讨》，《辽宁行政学院学报》2012 年第 2 期，第 174—176 页。

这些结论固然对思考广告实践活动具有一定意义，但对于媒体数字化变革趋势的敏感度还不够，从而客观上影响了研究成果的时效性和全面性。同时，研究成果对于广告生态系统具体问题解决方案的分析普遍不够深入，有待进一步加强。

二、广告管理研究

广告管理研究历来都有不同的研究视角和范围归属：有从社会公共管理层面出发，将广告管理作为社会系统组成部分，重点研究广告管理中政府作用的发挥的；亦有将广告视为一种经济活动，从经济管理视角来研究这一选题，重心研究如何确保广告在经济活动中的规范运作的；更有从法学视角出发，探讨广告管理体制中的法权结构建设，核心落在对《广告法》适用性的思考的。如此多元化的研究视角，既说明广告管理这一命题确实具有重要意义，也折射出其内在的复杂性和不确定性。下文将对广告管理的相关文献资料进行系统的梳理和回顾。

自1979年中国广告业复苏至今，对于广告管理的研究一直持续不断，研究成果的数量也随着广告业的问题逐渐暴露而日益增多。对这些文献资料的梳理，可以发现，广告管理研究核心问题和探讨重点的变化，是随社会、宏观经济和产业的不同发展阶段而不断演进的，呈现出鲜明的阶段性特征。总体而言，可以归纳出三个方面的研究重点：第一是广告管理的结构体系和实践问题研究；第二是广告管理体制的国际化接轨和中外对比研究；第三是广告管理的机制创新和对新媒体环境的适应性研究。

（一）广告管理的结构体系和实践问题研究

1. 广告管理的结构体系研究

我国现行广告管理结构体系的形成及合理性始终是广告管理研究的一个热点。与世界发达国家不同的是，我国广告管理的主要特征是政府主导，这一结构特征的成因和优劣历来是学者们讨论的焦点。例如，张金海教授认为，我国政府主导型广告监管体制的形成,“是基于我国现实的必然选择”[①],原因在于“我国目前正处于经济转型期,市场经济发育不健全,需要政府发挥引导、规范的作用”,并且“广告本身所固有的外部性及信息不对称的特征,必须依靠政府的干预进行监管”[②]。陈刚也指出:“由于广告行业涉及的范围较为广泛,而且中国的政治、法律环境较为特殊,市场发育不平衡,所以中国的管理主体,不一定要像西方那样,以行业自律为主。在一段时间内,应该坚持以政府为主导,行业自律为辅的原则。”[③]上述观点从广告行业的现实基础出发,指出了我国政府主导型广告管理体制存在的合理性。

在关注政府主导作用的同时,也有一些学者指出了广告管理结构中存在的诸多问题。例如,对于广告自律组织在广告管理中的作用的研究。周茂君在论及广告自律组织时强调,应当理顺广告行业组织和广告管理机关之间的关系,改变计划经济体制时代那种行政隶属关系,回归广告行业民间行业组织的固有属性,加强行业组织的独立性、自主性以及自我管理能力。[④] 罗至上在其论文《广告管理改革取向的行业思考——兼谈发挥广告协会的中观作用》中,就如何发挥中国广告协会的中观作用进行了思考,提出了加强广协作用的五点构想:“1. 接受管理机关委托,参与实施广告事先审查制度。2. 建立广告质量的行业认证制度。3. 建立经营资质的行业评审制度。4. 建立经营资格的行业建议制度。5. 建立行业自我宣传、自我监督的公告制度。”[⑤]文章将上述五项制度作为广告行业管理活动的主要依托,强调只有具备了相应的自律能力,才能形成行业凝聚力,最终才谈得上发挥行业组织的中观作用。

从上世纪 90 年代广告管理体系成形至今,此类观点在广告管理研究中一直存在。究其根源,是我国广告管理结构权力配置的失衡,导致政府主管部门长期代行行业组织的管理职责。行业组织实为管理机关的下级机构,不具备独立地位和执法处置权,从而严重影响了其管理作用的发挥。

---

① 张金海:《论我国广告监管体制的合理性建构》,《现代广告》2006 年学刊。

② 张金海:《论我国广告监管体制的合理性建构》,《现代广告》2006 年学刊。

③ 陈刚:《监管创新是中国广告管理发展的关键》,《现代广告》2006 年学刊。

④ 周茂君:《关于我国广告管理体制改革的思考》,《武汉大学学报》(人文科学版)2002 年第 3 期。

⑤ 罗至上:《广告管理改革取向的行业思考——兼谈发挥广告协会的中观作用》,《工商行政管理》1994 年第 6 期。

2. 广告管理实践问题研究

从1979年至今，在中国广告业高速发展的同时，各种产业问题也呈现出逐渐暴露、日益严峻的态势。而这些问题的出现，或多或少都与广告管理相关。因此，对于广告产业实践问题的管理应对，一直都是广告管理研究者关注的重点。

例如，张金海指出广告管理存在“监管主观性强、随意性强导致的高社会成本和低效率”[①]问题：“多头管理引发的相互推诿，出现政府管理的缺位或越位现象”，“广告监管条块分割，导致各主体部门之间执法艰难”[②]。周茂君就广告法规执行中存在的问题进行了深入分析，指出：“与广告游戏规则制定的齐备形成鲜明对照的是，广告游戏无规则并由此带来广告管理的无序。”他认为，“我国广告游戏无规则首先表现在没有出台与《广告法》相配套的施行细则，增加了广告管理的随意性”；“个别政府部门将自己的意志凌驾于法律之上，以行政命令、规定取代广告管理法规，破坏了法律的严肃性和权威性”；同时，“一些地方的广告监督管理部门在执法过程中肆意超越广告管理法律、法规的规定，无论什么性质的案件，皆用查禁的办法‘一查了之’，严重混淆了广告违法与违背道德的界限，扰乱了广告市场，使广告行业的自我约束和道德自律无从谈起”。[③] 黄升民与陈素白指出：“经过二十多年的发展，我国广告法规体系和执法体系应对日新月异的广告界，存在着较为严重的‘内容缺失’问题，政府、广告主、广告经营者以及广告发布者各自的责任、权利和义务不明晰。”[④]

上述学者对广告管理实践问题的忧思，既切中要害又十分中肯，其中，广告管理过程中存在的管理部门权责不清、法律法规滞后缺位、执法过程随意以及违法成本相对较低等问题，都是当前广告管理活动中长期存在、亟待解决的顽疾。学者们的既往研究也对这些领域给予了充分关注，但如何针对广告行业的快速变化探索出真正行之有效的解决方案，还需要更加全面、系统的思考。

3. 广告管理体制研究

中国加入世界贸易组织（后文简称WTO）之后，随着广告业开放带来的竞

---

① 张金海：《论我国广告监管体制的合理性建构》，《现代广告》2006年学刊。
② 张金海：《论我国广告监管体制的合理性建构》，《现代广告》2006年学刊。
③ 周茂君：《我国广告游戏无规则现象透视》，《广告大观》2001年第4期，第12—14页。
④ 黄升民、陈素白：《对中国广告监管核心问题的思考》，《现代广告》2006年学刊。

争加剧和产业快速发展导致的适用性挑战升级，学者们普遍开始关注广告管理体制存在的问题和对策，探讨广告管理体制的转型和调整。

总体而言，广告管理体制研究主要涉及三个领域。

首先是整体管理体系的权力分布失衡问题。例如，杨柏松认为，"从某种意义上讲，我国的广告管理基本上是单一的行政管理，而且主要是由工商行政管理机关的广告管理部门负责管理的"[①]，相比之下，行业自律和社会监督发挥的作用甚微。周茂君也提出："我国的广告行业组织，……，都带有明显的官方或半官方的色彩，容易造成二者职能和性质的混淆与模糊。"[②]

其次是广告管理的法律、法规体系不完善的问题。陈刚认为，就算修改《广告法》尚需时日，主管部门也应该适应新的变化，"加快区域性和地方性或者针对广告行业中的某一现象的广告管理条例和法规的制定和完善，强化广告管理的效果"[③]。周茂君更是直接对《广告法》的实际操作性提出了质疑：《广告法》的"许多内容以原则性规定居多，而具体的可操作性的施行细则少"，而且"《广告法》已正式施行7年了，至今仍未制定相应的与之配套的施行细则，这不能不说是广告法制化建设中的一大缺憾。"[④]

最后是对广告管理体制调整和转型的思考。进入新世纪以来，学者们对于广告管理体制改革的关注度越来越高，其中一些观点得到了普遍认同，例如建立独立广告审查制度。戴丽娜认为："应建立独立的广告审查制度，使执法者和经营者的利益分开。同时避免出现执法真空现象，从而提高广告审查的效率。减少因执法不力而导致的违法广告。"[⑤]周茂君也提出广告审查机构要具有独立地位，"避免因行政干预或受经济利益的驱使而对广告的'审而不查'"[⑥]。此外，加强广告行业自律、完善社会监督机制等观点也被学者们多次提及。

综上，此类研究成果中，学者们主要就管理体制的结构性问题和适用性问题

---

① 杨柏松：《我国广告管理体制存在的问题及对策》，《河南广播电视大学学报》2003年第1期，第37—39页。

② 周茂君：《关于我国广告管理体制改革的思考》，《武汉大学学报》（人文科学版）2002年第3期，第369—374页。

③ 陈刚：《中国广告管理的四个问题》，《广告大观》2005年第5期，第146—147页。

④ 周茂君：《关于我国广告管理体制改革的思考》，《武汉大学学报》（人文科学版）2002年第3期，第369—374页。

⑤ 戴丽娜：《如何完善我国广告监管体系》，《声屏世界》2005年第8期，第46—47页。

⑥ 周茂君：《关于我国广告管理体制改革的思考》，《武汉大学学报》（人文科学版）2002年第3期，第369—374页。

进行了分析和思考。由于当时的中国广告业处于高速增长期，产业发展与管理滞后便成为学者普遍关注的热点，相关研究主要集中于分析管理体制的滞后原因和转型路径，形成了一些得到普遍认同的观点。但由于广告业的内在复杂性和管理体制自身的问题，这些观点并未在后续的管理实践中得到落实。

（二）广告管理体制的国际化接轨和中外对比研究

1. 广告管理的国际化研究

随着中国加入 WTO，广告管理体制与国际规则接轨的问题开始进入学者的研究视野。周茂君认为："政府行政管理在法规建设、人员素质、管理方式和总体水平等方面跟不上广告业的飞速发展，因此，对现行的广告行政管理系统进行改革，使之符合市场经济和 WTO 规则的要求，是我国广告管理体制改革的首要任务。"①屈建民、吕志诚提出应"严格按照世贸组织规则和国际惯例对广告市场进行监督管理"，"进一步修改和完善广告市场准入标准，并按世贸组织承诺和有关原则清理广告监督管理法律、法规及规章。"②

可以看出，上述研究的出现，与当时中国"入世"和广告市场日益开放的大背景密切相关，体现出学者和管理者对广告管理国际化问题的隐忧。然而，在后续的研究和实践中，我国的广告管理体制和实践依然延续了既有的发展路径，并没有以 WTO 规则和国际惯例为标准进行调整。上述观点提出后大都只停留在纸上，并未得到真正的落实。

2. 中外广告管理对比研究

随着中国宏观经济和广告业开放进程的不断加速，中外广告管理对比也逐渐成为研究的热点。大部分文章以介绍美国等西方发达国家的管理经验为主，作用是为国内的广告管理提供借鉴和参考。如刘友林的《广告教育与广告管理——美国广告业发展的启示》较为全面地介绍了美国广告管理体系中，政府和行业管理的概况以及对虚假广告的处理方式。文章指出，美国广告管理的重点是"制裁虚假不实广告与不公平广告"，提出中国可以借鉴美国的做法，"加强

---

① 周茂君：《关于我国广告管理体制改革的思考》，《武汉大学学报》（人文科学版）2002 年第 3 期，第 369－374 页。

② 屈建民、吕志诚：《广告监管应对政策与措施》，《中华新闻报》2002 年 5 月 14 日。

广告业的行业管理，对违法广告增加刑事处分”。

也有一些文章深入比较了中外广告管理体制在立法、特种产品广告限制、虚假广告管理等层面的异同，并在此基础上探讨中国广告管理与国际广告业惯例的接轨问题。例如，夏清华的《中外广告管理比较》从广告立法、特种广告限制、虚假广告管理、广告行业自律和广告媒体限制五个层面，选取了美国、日本、英国、澳大利亚等发达国家与中国进行比较分析，认为：“中国与发达国家在广告立法、广告管理的方法、管理的内容与重点方面逐步趋向一致，这是中国广告与国际广告业惯例接轨的必然要求与体现。”同时，“中国与欧美等发达国家广告管理的主要差异体现在行业管理与对媒体的控制方面。”而造成这一问题的原因，“一方面与我国广告业欠发达，缺乏成熟的、完全竞争的广告市场有关，另一方面，也与新闻体制上的差异有一定的关系”。[①]

(三)广告管理的机制创新和对新媒体环境的适应性研究

2005年前后，随着广告业增长趋于成熟稳定，广告业环境日益复杂多元，媒体传播技术的更新导致广告管理问题不断凸显，广告管理研究的视野也相应地逐步扩大：从原先主要关注广告管理结构体系和制度建设的内生问题，到聚焦于思考广告管理与整个广告业发展是否协调以及管理流程如何创新等宏观问题。

例如，有学者开始重新思考政府管理部门在广告管理活动中的定位和作用。陈刚提出了政府管理部门应当发挥对广告行业的指导和引导作用，他认为：“政府管理部门的作用，应该在深入研究成熟国家和地区的经验的基础上，根据中国市场的特点，制订科学的发展战略，并通过有针对性的政策法规，为广告业创造一个良好的管理环境，指导行业的发展，引导行业形成一个健康平衡的市场结构，应配套出台一系列与广告业的发展和广告管理相关的新的法规，最终形成一套科学的管理体系……才有可能会彻底改善广告业发展的生态环境，在此基础上创造出中国广告业发展的独特模式。”[②]

也有一些学者认为，现有的广告管理体制必须深刻变革才能从根源上解决虚假广告等行业顽疾。例如，钱正通过分析我国广告的发布流程和监管体系，

---

① 夏清华：《中外广告管理比较》，《经济评论》1997年第3期。

② 陈刚：《广告管理必须革新》，《广告大观》(综合版)2006年第1期，第5页。

指出:“产生虚假广告的关键在于中国的市场经济目前并没有培育出一个成熟的市场环境，没有发展出一套完备的消费者监督机制。”①他建议效仿美国,充分发挥消费者的广告监督作用,加大对媒体发布虚假广告的惩治力度,认为“一旦中国的消费者监督机制得以成熟完善，以上的问题即可迎刃而解”②。

此外,从国家与社会关系和社会责任的视角来思考广告管理也成为研究的热点。徐卫华的《中国广告管理体制研究——基于国家与社会关系框架》以社会结构和公共管理为研究视野,对我国广告管理体制存在的运行困境、能力短缺和权威流失等问题进行了详细分析。他提出要在“强国家—强社会”的理想框架下,通过政府转型与广告行业自治的双向重建来提高我国广告管理体制的合理化和适应性,最终实现广告行业的多元复合治理。刘凡在其博士论文《基于公众利益的广告监管模型及其策略研究》和论文《中国广告的监管、发展与社会责任》中均论述了基于公众利益和社会责任的广告管理部门的定位,提出主管部门“要严守伦理底线，始终坚持正确导向，去引导整个广告产业向先进文化、美好心灵、社会正气和科学精神的方向提升、迈进”。

同时,从2006年开始,随着移动运营商的媒体化转型,有线电视数字化的全国推进,三网融合进程正式起航,新的媒体应用和智能终端的大范围推广,媒体环境和产品形态日趋多元化,广告产业面临着前所未有的升级和变化,对广告管理也提出了新的挑战。因此,这一阶段,广告管理体制对新媒体环境的适应问题也成了学术研究的热点。

对于新媒体给广告行业带来的深刻变革,学者们普遍表达了对现有广告管理体制的忧虑。时学志认为:“由于互联网媒体的特质,网络广告的表现形式丰富多彩。相应地,就需要网络广告的管理和自律工作充分考虑网络媒体所具有的传播主体的多元化、虚拟化、跨行政区域化等特点,应本着开放的态度,利用新的技术,尝试一些新型的行业管理模式,加以灵活运用,探索并建立一套适合网络广告发展规律的管理体系。”③刘晓丹提出:“新型媒介以及新传播技术的不断涌现使得广告市场更加复杂多元，新概念层出不穷，让广告监管面临前所未

---

① 钱正:《从品牌神话的破灭看中国广告管理机制》,《科技信息》(学术版)2006年第10期,第272—274页。

② 钱正:《从品牌神话的破灭看中国广告管理机制》,《科技信息》(学术版)2006年第10期,第272—274页。

③ 时学志:《完善对网络广告的科学化管理》,《现代广告》2007年第11期。

有的多维环境，驾驭难度大大提升。”①

同时，针对三网融合、云计算等新兴技术趋势的进程加速，也出现了一些相关的研究成果，从目前来看，研究主体集中在广告公司和企业层面。例如，范冰提出：“广告公司引入云计算，将能够提升自身管理和协作能力，这一能力既包含对内，又包含对外。”②然而，对于数字传播技术对广告业的影响和对广告管理造成的冲击，目前还缺乏更为系统、深入的专门研究成果。

总之，通过回顾1979年至今的当代广告管理研究，我们可以看出，广告管理的研究主题变迁与中国社会发展阶段性特征、市场经济的整体进程和广告产业自身发展脉络呈现同步律动的特点。这一特点，既是系统对外部环境的适应性调整的体现，也是广告学术界对不同时期广告业运行特征的呼应，可以为我们深刻理解中国广告管理的成形过程，反思管理实践中存在的主要问题提供有效的理论支持和思路借鉴。

我们也应当敏锐地看到，虽然广告管理的研究成果较为丰富，但这些研究要么着眼于管理结构或管理制度的具体问题，探讨其解决之道，要么从政府公共管理或法学的单一视角出发，选取一个理论进行分析，其成果在解决局部问题时当然有一定的意义。然而，中国广告业面临的问题非常复杂，既有外部的，也有内生的，仅从广告管理某一领域的单一视角出发，脱离广告产业发展状况的研究，不足以解决本质问题。同时，鉴于广告管理系统是广告生态系统中负责传播控制的子系统，对这一课题的研究，必然应当将其置于广告生态系统这个大框架之下，明确系统和要素之间的互动关系。因此，当前广告生态系统的复杂性和广告管理系统所属的系统范畴，决定了广告管理研究需要更加宏观和全面的视野，即以整个广告生态系统的变化为切入点，将这一主题置于相对宏观的框架下进行系统思考。

---

① 刘晓丹：《论我国广告监管体制革新》，《现代商贸工业》2009年第15期，第85—86页。

② 范冰：《营销在云端——云计算时代的广告管理趋势》，《金融经济》2010年第16期。

第三节　研究框架

一、广告生态系统研究

(一)广告生态系统的主体环节

杨杰、陈相雨在《论广告产业生态系统理论的构建》中论述了广告生态系统的主体环节。本书在借鉴这一理论结构的基础上进行了一定的调整和丰富，将广告生态系统的主体确定为广告主、广告公司、媒体和受众，从这四个方面进行研究。

1. 广告主：广告活动的信息源头

《广告法》中对广告主的定义为："为推销商品或者提供服务，自行或者委托他人设计、制作、发布广告的法人、其他经济组织和个人。"从这个意义上而言，广告主在广告活动中扮演着多重角色，他既是广告实践活动中的信息发起人和出资者，也是广告效果的受益者和法律责任的承担者。因此，在既往的研究和描述中，广告主始终被界定为整个广告活动的主体。

广告主作为信息源头的定位，决定了其在广告传播活动和广告管理实践中的天然重要性。例如，有学者认为："为保证消费者的利益和权利，为使广告在商业活动中能公正、公开地参与竞争和保证广告经营向健康方向发展，必须加强对广告主的监督管理。"①然而，随着广告生态系统的不断升级，广告发布的碎片化和传播手段的多元化，使得广告主作为信息源头的控制力正在逐步弱化。对于广告主的管理和研究，也应当随之升级，本书第三章将深入探讨这一问题。

2. 广告公司：信息编码与媒体资源配置

《广告法》从广告经营者的角度将广告公司界定为："指受委托提供广告设

---

① 杨杰、陈相雨：《论广告产业生态系统理论的构建》，《南京林业大学学报》(人文社会科学版)2008年第1期，第101—104页。

计、制作、代理服务的法人、其他经济组织或者个人。”可以看出，现行广告公司的界定核心在于其“制作和代理功能”，即对于广告主来说，广告公司理应“为广告主提供全面的代理服务，帮助广告主制定和实施广告决策，提供相关的信息咨询和公关活动的服务”。[①] 对于媒体而言，作为媒体资源的代理机构，广告公司直接参与媒体的广告业务拓展，影响媒体的广告经营收入。有实力的广告公司能够集中优质媒体资源，打造自身“以量议价”的竞争优势，在媒体资源有限的环境下，大型媒体购买公司实际上在很大程度上影响着媒体资源的市场价格和配置方式。从广告内容层面来看，广告公司决定着广告作品的创意和呈现方式，在广告传播链条中发挥着信息编码的作用。因此，在广告生态系统中，广告公司的服务功能具有双向性特点，既面向广告主，又面向媒体，同时还要在信息编码和媒体选择上充分考虑目标受众群体的媒体接触习惯和消费形态特征。广告公司也应该是广告生态系统中，专业技术和专业知识最为集中的环节。

然而，在现有广告生态系统中，本土广告公司并没有在广告主和媒体之间左右逢源，得到很好的发展，而是始终面临着从业门槛低、经营格局混乱和跨国公司冲击等因素的挑战。作为广告代理制的核心，广告公司的专业技术优势和资源配置功能并未得到全面发挥。

广告公司在中国的发展瓶颈，深层次原因在于广告生态系统中各主体发展失衡。例如，媒体可以自设广告经营部门，直接开展面向广告主的广告经营活动，这在很大程度上侵占了广告公司的市场生存空间，影响了广告代理制的顺畅运转。整个广告生态系统的良性循环尚未形成。

3. 媒体：广告产品的发布和传播

《广告法》从广告发布者的角度描述了广告媒体：“指为广告主或者广告主委托的广告经营者发布广告的法人或者其他经济组织。”由此可见，媒体是广告主和受众之间的信息桥梁，是广告信息流动的中间环节，决定着广告信息的流向、范围和影响力。在广告生态系统中，与其他系统主体不同的是，媒体还承担着一定的广告内容审查职能，即负责在发布前审查广告内容和发布资质，以最大限度地保证广告的真实、合法。

---

① 杨杰、陈相雨：《论广告产业生态系统理论的构建》，《南京林业大学学报》（人文社会科学版）2008 年第 1 期，第 101—104 页。

从广告与媒体的关系上看，一方面，广告费是媒体经营的主要收入来源，支撑着媒体的日常运营，因此广告业的发展速度、平衡状态在很大程度上决定和影响着整个传媒生态系统的发展状况。另一方面，媒体传播技术和形态的发展又直接推动着广告生态系统的发展趋势和方向。近年来，数字新媒体形态大量出现，分散了企业的广告投放预算，导致原有媒体竞争格局发生改变，这一现象无疑是媒体传播技术变迁给广告生态系统带来影响的鲜明例证。本书将在第三章就此问题进行详细论证。

4. 受众：广告信息的接收者和使用者

从广告传播流程上看，受众是广告信息流的最终接收者，对广告生态系统的顺畅运转具有重要意义。一方面，受众决定着媒体价值的大小。对于媒体覆盖率和影响力的衡量，核心在于其受众规模的大小和受众质量的高低。另一方面，受众决定着广告市场的规模。从市场营销的角度来看，受众代表的是潜在消费能力，企业投放广告的目的在于实现与潜在消费者之间的信息沟通，市场的目标受众规模和消费能力直接决定着企业的广告投放力度。目前广告投放量排前五位的品类，如化妆品、酒类、医药和汽车等，都是受众规模较大、消费能力较强的市场。

作为信息传播的终端，在传统的广告生态系统中，受众长期被视为广告信息的被动接收者，其反馈主要体现为对产品或服务的购买行为。然而，在新媒体平台上，受众的传播权力正得到外延和拓展，受众开始越来越多地主动参与广告信息编码和广告选择，这种变化必将对广告生态系统各主体之间的互动关系和权力分配造成影响。因此，这是本书研究广告生态系统变迁的重点之一。

(二)广告生态系统的分层解读

从系统分层的角度来看，广告生态系统又是一个由多个子系统构成的多层级有机整体，其中包括由广告主、广告公司和媒体组成的广告市场系统，由广告主、媒体和受众组成的广告传受系统，以及由作为管理主体的广告管理部门和作为管理客体的广告传播链条各组成部分共同构成的广告管理系统。这些系统在广告传播活动中相互制约、相辅相成，共同构成了本书所探讨的广告生态系统整体。从这个角度上看，本书的研究主题实质上就是针对广告生态系统中管理子系统的研究。

二、广告管理研究

如前文所述，我国广告管理的结构体系是一个以工商行政管理部门为主导、多部门联合参与、各司其职的联合监管体系。这么多的监管主体，必然有各自不同的分工，从广告生态系统的角度看，可以分为面向广告主的管理、面向媒体的管理以及面向广告公司的管理。

（一）面向广告主的管理

我国广告管理活动中，对于广告主的管理主要涉及两个方面。

其一是政府行政部门对广告主资格的监管，即要求参与市场活动和广告发布的广告主持有国家颁发的营业执照等符合市场准入制度要求的资质，并要符合国家核准的经营范围。

其二是针对广告内容的审查"双轨制"。根据商品品类的不同，我国广告的审查主体也有所不同。《广告法》明确规定：一般商品或服务广告由广告经营者和广告发布者审查；药品、医疗器械、农药、兽药等重要商品广告则由相关行政主管部门按照相应的广告审查办法进行前置性审批。

因此可知，对于广告主的管理，最主要的特点在于管理主体的多样化，管理链条较长，需要多部门交叉管理、相互配合。具体而言，广告主的相关资质由工商行政部门进行监管，广告主的广告内容审查则根据商品所属行业不同而分别归相关行政管理部门或广告经营者监管，其间涉及多个管理部门，结构较为复杂。

（二）面向媒体的管理

广告管理中，不同媒体的管理主体和监管重点各不相同。下章将逐一详细分析电波媒体广告、平面媒体广告以及互联网等新媒体广告的管理状况及成形过程。总体而言，媒体广告管理有以下几个特点：第一，媒体既是管理客体又是管理主体，同时还是社会监督机构，在广告管理活动中"身兼数职"；第二，新媒体的管理主体不明确，执法无依据，管理缺位现象严重；第三，出现虚假广告后对媒体的罚则不明确，违法成本较低，在一定程度上影响了媒体广告的监管效果。

（三）面向广告公司的管理

与广告主管理类似，我国广告管理体制中面向广告公司的管理主要集中于主体资格的监管和经营范围的核准等层面。然而，虽然监管的内容简单清晰，但管理的难度却比较大，原因在于我国广告经营单位众多。中国国家工商总局发布的统计数据显示，截至 2011 年，全国共有 29 万余户广告经营单位，广告从业人员 167 万多人①，而与之相应的广告专职管理人员尚不足万人，数量严重不足的专职管理人员与数量庞大、鱼龙混杂的管理对象极不相称，因此，在实际管理中难免出现无暇顾及、挂一漏万的现象。

三、广告管理与广告生态系统的互动

本章第一节已经探讨了广告管理的基本概念和框架，本节将结合广告管理和广告生态系统的构成要素、主要内容和基本特征，研究广告生态系统和广告管理之间的互动及影响。

从宏观结构上看，完整的广告管理体系由管理主体、管理客体和法律依据三部分构成。其中，管理客体就是广告生态系统的各个环节，包括广告主、广告公司、媒体和受众。管理主体则是以工商行政管理机关为核心、多部门分工协调的有机系统，其构成要素、管理分工以及与广告生态系统的互动关系如图 1—1 所示。

本图分为三个部分，处于中间位置的是广告代理制度下运行的广告业务链条，也是广告生态系统的主要组成部分，从“广告主”到“受众”的流程是广告信息从编码到解码的传播过程，其中的每个环节都是广告管理客体。在广告业运行过程中，图中上层和下层显示的多个环节是针对运行的约束力量。其中，图中下层是现行广告管理结构体系，包括由政府行政管理部门、媒体管理部门构成的广告管理政府体系，以及由广告行业自律组织和社会监督机构构成的广告管理非政府体系。这些部门共同组成广告业的管理主体，在各自的管理领域对不同的管理对象实施管理措施。图中上方显示的是广告管理的“双轨制”审查

---

① 资料来源：中国新闻网。“中国广告经营单位逾 29 万户，经营额 3 125 亿元”，2012 年 4 月 19 日。

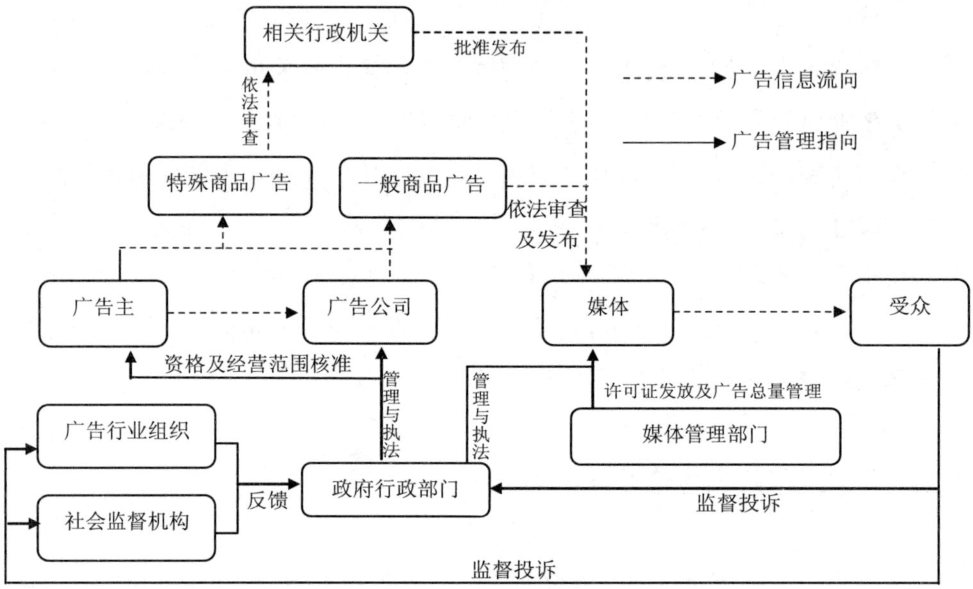

图 1—1 广告管理流程与广告生态系统互动

制度，广告信息流按照商品性质不同分为由媒体负责审查发布的一般商品广告和由卫生、农业等部门负责依法前置审查的特殊商品广告，通过审查的合法广告信息又汇集在媒体环节，面向受众发布。

图中受众是现行管理流程中唯一没有涉及的广告生态系统主体，其作用主要以监督和投诉为主。从理论上讲，可供受众投诉的渠道较多，既可以向工商行政部门投诉，也可以向广告行业组织和社会监督机构投诉，还可以直接向媒体管理部门或媒体机构投诉。然而，应当明确的是，行业组织和社会监督机构在处理受众投诉中发挥的作用仅限于信息反馈，相关的执法处置还是要通过其他相关管理部门才能实现。因此，受众的监督、投诉反馈链条较长，效果往往不直接、不明显。

从广告管理与广告生态系统的互动中可以看出，广告管理流程能够正常运转、发挥预期管理效能的前提，是各层次的力量分配均衡，各环节的工作紧密配合以及各管理主体职责的明确清晰。然而，从当前的广告管理实践情况来看，距离这一理想状态还有很大空间。究其原因，我们应当思考的是，位于图中上方的广告审查制度和位于图中下方的广告管理体系是否达到了与图示中央的广告生态系统相互适应的协调状态？

众所周知，体制与环境的关系类似于“履”和“足”的关系。我们今天对于广告管理适用性的探讨，实质上研究的是广告管理与广告生态系统彼此适应的命题。为了深入研究这一命题，从第二章开始，我们有必要将研究视野转向广告业的发展历程，重新梳理广告生态系统发展与广告管理的互动和影响。

第二章　广告发展与广告管理成形

通过上一章的分析，我们可以看出，广告生态系统与广告管理之间具有非常紧密的互动关系。广告生态系统的构成主体同时也是广告管理的客体。广告管理效果的优劣，取决于其对广告生态系统变化的适应程度。由此可见，广告生态系统与广告管理实践的彼此适应具有阶段性和时代性特征，不同时期的广告发展状况，需要不同功能的广告管理系统与之相适应。因此，本章将重点回顾广告生态系统的发展历程，采用动态分析的方法，梳理广告管理与广告生态系统相互影响、相互促进的互动历程，揭示现行广告管理系统逐渐丰富、日益成形的演进路径，并在此基础上客观总结我国广告管理的现存特征，为下文从广告生态系统变迁的视角深入思考广告管理奠定基础。

第一节　广告复苏与广告管理出现

一、广告业的复苏

1949 年新中国成立以来，当代商业广告的兴衰便与社会主流意识形态的变迁息息相关。1978 年之前，在计划经济环境下，生产者占市场主导地位，消费者需求不受重视，社会总体的广告需求非常微弱。加之当时的主流舆论将广告视为资本主义的产物，认为广告是“资本主义市场兜售商品、欺骗顾客的行径”[①]。这些因素直接导致了当时中国商业广告基本消失的局面，当然也基本不存在广

---

① 萧玉纶：《为广告正名》，《人民日报》(第 8 版)1984 年 7 月 24 日。

告管理的概念和活动。

1978年开始，中国掀开了历史的新篇章，"改革开放"成为国家政治意识的主流观念，并持续影响着国家发展的整体走势。十一届三中全会胜利召开、邓小平主持科学大会、《实践是检验真理的唯一标准》这篇文章的刊发……这一系列重大事件标志着中国政治思想意识转型的开始。中国这一历史积淀深厚的文明大国通过调整政治体系、改造社会体系，敞开国门、走向世界，开始了开放化、国际化的整体转型。

广告是社会发展的重要镜像。政治观念的转变，首先带来了社会广告态度的显著变化。1979年1月14日，上海《文汇报》刊登了丁允朋撰写的文章——《为广告正名》。文章首次对广告的种种误解提出了明确修正，指出："我们有必要把广告当作促进内外贸易、改善经营管理的一门学问对待；我们应该运用广告，给人们以知识和方便，沟通和密切群众与产销部门之间的关系。"[①]1982年，《人民日报》一篇题为《办好人民广告事业》[②]的文章指出，办好社会主义广告事业必须遵循的方向是"在计划经济指导下，为发展社会主义商品生产和商品交换服务。"社会主流舆论对广告态度的转变，意味着社会主义制度下可以发展商业广告的观念正式确立。

广告态度从偏激到理性的回归，直接带来了广告市场的破冰和试水。1979年，中宣部发出《关于报刊、广播、电视台刊播外国商品广告的通知》。时任中宣部部长的胡耀邦亲自就上海广告公司开展进出口广告业务作出了批示。同年，《天津日报》在全国率先恢复报纸的商业广告。《人民日报》《文汇报》《解放日报》和《光明日报》等报纸也先后开始刊登商业广告。[③] 随后，中央广播事业局召开全国电视节目会议，宣布中国电视从依靠财政拨款转向自办节目。当年，中央电视台改"全额预算"为"差额补助"，开始成立广告科并开展广告业务，很快播出了首条外商电视广告——西铁城手表广告。[④]

---

① 转引自丁俊杰、黄河：《为广告重新正名——从主流媒体的广告观开始》，《国际新闻界》2007年第9期，第5—10页。

② 《人民日报》(第3版)1982年3月6日。

③ 1979年，《人民日报》最早刊登的商品广告内容为地质仪器、汽车等。《文汇报》和《解放日报》分别刊登了第一条外商广告：精工表和美能达相机广告。《光明日报》等三家报纸首次刊登第一家日本企业的广告：欧林巴斯广告。

④ 据了解，1979年，中央电视台分别在两套节目中播出广告，每天5分钟。广告形式有两种：一种是介绍厂商，另一种是外商提供的带广告性的节目，如纪录片。

二、广告管理出现

市场上广告业务从无到有，社会中广告信息日益增多，客观上需要有相应的管理系统来指导、规范其发展。在这种背景下，当代中国的广告管理也在1979年开始出现。

(一)广告管理主体从混乱到明晰

当代中国广告管理的最初表现形式为政府对广告业务的各种批示。1979年，北京市委率先同意恢复户外广告，市委宣传部作出了同意恢复首都广告业务的批示。同年，广州决定恢复广告管理所，归广州市工商局领导。由此可见，当时全国范围内广告的主管部门还未统一，不同地区各自为政：市委、宣传部以及工商局都可能成为广告管理的主体。这一特点，与现阶段广告管理体制中的多头管理问题有一定延续性和相关性。

随后3年，广告管理的主体部门逐渐明晰。1980年9月15日，时任国务院副总理的姚依林作了“同意国务院财贸小组关于广告工作由工商局统一管理意见”的批示。1981年，国家工商行政管理总局正式设立广告管理机构——广告管理处。1982年7月28日，国家工商行政管理总局改为国家工商行政管理局，下设广告司。2001年4月，国家工商行政管理局更名为国家工商行政管理总局。

现在看来，工商部门成为广告管理主体的确立，对于明确社会主义制度下广告的定位具有非常重要的历史意义。1978年前，社会主流舆论习惯于将广告与资本主义意识形态联系在一起，认为广告是“资本主义市场化兜售商品、欺骗顾客的行径”，而国家工商行政管理总局成为广告主管部门，实际上就明确了广告作为经济体系组成部分的定位，意味着国家层面对广告的认识逐渐摆脱了意识形态和政治宣传的局限，这对此后中国商业广告的全面发展具有直接的推动作用。

此外，广告管理主体机构地位的提升也显示出广告行业规模的日益壮大。1981年，全国广告营业总额仅有1.18亿元，占国民生产总值的0.024%，人均广告费0.117元。广告经营单位1 160家，从业人员16 160人。由于市场规模小、从业人数少和重要程度低，当时的广告管理机构只是下设在国家工商行政管理总局的一个处，尚未成为主要部门。然而，从 1982 年开始，广告业开始高速增长，到 1983 年，全国广告营业总额上升至 2.34 亿元，比上年度增长近一倍，占国民生产总值的 0.040%，人均广告费为 0.227 元。广告经营单位增加至 2 340 家，一年间新增 1 180 家，从业人员增加至 34 853 人。行业的快速发展，推动了广告管理主体机构从"广告处"到"广告司"的升级。这一变化也反映出政府层面对广告行业重视程度的不断提升，是广告行业高速发展状态在管理领域的映射。

(二)广告管理制度从宏观到具体

与广告市场复苏同步的还有对广告管理制度建设的探索。1980 年，根据国务院批示，由国家经贸委牵头，国家工商行政管理总局参加的《广告管理暂行条例》起草工作正式开始。由此可见，管理部门在广告市场的发展初期就已经意识到了制定管理依据的重要性。在制定宏观管理政策的同时，关于媒体广告总量的具体规定也陆续出台。例如，1980 年，在全国第二次广告管理工作会议制定的若干政策中，首次明确规定报纸广告不得超过 1/8 版面、电视广告不得超过每晚 10 分钟。随后数年间，广告管理的各项制度陆续出台。1982 年，历时两年起草的《广告管理暂行条例》由国务院正式颁布施行。同年，刚刚完成更名和机构改革的国家工商行政管理局颁发了《广告管理暂行条例实施细则》和《关于整顿广告工作的意见》，开始全面普查全国广告经营单位，统一发放经营许可证。

综上，广告复苏前 3 年，国家主管部门对于广告行业的高速发展和广告管理工作的重要性具有较高的敏感度和预见性。广告管理制度的制定工作颇见成效，既有宏观的管理条例，又很快出台了具体的执行细则，这就确保了当时广告管理制度的高度可执行性。

《广告管理暂行条例》颁布后，我国广告管理制度的探索开始向广告主管理和媒体管理方向延伸。1985 年，国家工商局下达文件，规定禁止利用广播、电视、报纸、书刊、路牌、灯箱、霓虹灯、招贴等媒体发布卷烟广告。同年又颁布了《关于文化、教育、卫生、社会广告管理的通知》。现在看来，上世纪 80 年代广告管理制度的不断细化，与我国居民消费结构的悄然变迁息息相关。例如，1985 年开始，全国黑白电视机、电风扇消费量开始下降，服装、交通、通讯、医疗、酒类饮料等产品的消费量激增，拉动了广告总量的不断增长。因此，1987 年，国家工商局、卫生部联合发布了《食品广告管理办法》《关于进一步加强药品广告宣传管理的通知》。

管理规定的丰富，体现出主管部门对社会消费结构升级和广告主结构变化的调整和适应。1987 年，经过过去 5 年的实践检验，国务院正式颁布了《广告管理条例》。一年后，国家工商局颁布《广告管理条例施行细则》，标志着我国广告管理总体原则的初步确立，是我国广告管理制度建设中具有历史价值的标志性事件。

这一时期，随着广告形态的日益丰富和广告手段的不断翻新，对广告形态和广告经营的管理成为另一个热点。1987 年，国家工商局强调"不准利用新闻形式搞新闻广告"，广电部则提出要防止广播电视节目的商业化问题。1988 年，国家工商局转发了国家体委通知，要求体育比赛的赞助广告活动须报国家工商局和省、自治区、直辖市工商局审批，广电部、国家工商局联合发出《关于进一步加强电视广告宣传管理的通知》，要求不得中断节目和以新闻报道形式播放广告。此后几年，《关于核发广告经营许可证的通知》(1989)、《关于在全国范围内实行"广告业专用发票"制度的通知》(1990)、《关于实行"广告业务员证"制度的规定》(1990)等广告经营方面的管理规定相继出台，有效地规范了当时的广告经营行为，净化了广告行业环境。

总之，当代广告复苏初期，广告管理制度的探索经历了从原则条款到执行细则、从宏观行业层面到具体经营层面的延伸和变化，管理的制度体系日趋完备，基本适应了当时广告行业的发展变化。尤其值得注意的是，从《广告管理条例》的正式颁布，到《广告管理条例施行细则》的出台，仅用了一年的时间，从而确保了管理规定具有较强的可执行力。然而，《广告法》自 1995 年出台至今，却始终未出台相应的施行细则。从这一对比可以看出，当时的广告管理工作在效率、执行力和部门配合等方面，有很多值得今天借鉴和反思的地方。

第二节　广告大发展与广告管理的丰富

一、广告业进入快速发展期

1992 年，邓小平视察南方，结束了关于"计划"、"市场"姓资姓社，"公有制"、

“私有制”孰优孰劣的争论，中央明确了扩大对外开放的国家发展宏观战略，形成了沿海、内地大开放的格局。中国的政治改革至此完全消除了意识形态层面的争执。1993 年 11 月 11 日至 14 日，中共十四届三中全会顺利召开，我国建设社会主义市场经济体制的发展路径全面确立。建立全国统一开放的市场体系，实现城乡市场紧密结合，国内市场与国际市场相互衔接成为我国这一阶段的发展目标。

随着争论的停息，社会主义市场经济体制全面确立，我国政治改革也进入了一个稳定发展期。江泽民在十四大报告中强调：“要坚持两手抓，两手都要硬”，物质文明和精神文明协调发展成为时代的主题。“稳定”、“温饱”、“奔小康”成为媒体和民众津津乐道的关键词。

在对外开放政策和加强经济建设方针的拉动下，中国的市场经济不断趋于繁荣。在吸引外资方面，1992 年，外商来华投资出现前所未有的热潮，中国成为全球利用外资的第二大国。在居民消费方面，彩电、冰箱等家用电器的销量日趋下降，食品、药品等日用消费品成为新的消费增长点。

1992 年开始，随着我国经济环境从商品经济向市场经济的不断转变，计划经济下的“供不应求”逐渐被市场经济下的“供过于求”替代，全社会广告需求激增，中国广告业迎来了 30 年中增幅最大、增速最快的“黄金时代”。在市场的拉动下，国家开始放宽政策，允许个体经营广告，广告经营主体从单一向多元不断延展。这一时期，随着经济的繁荣和产业的发展，广告在经济和社会中的镜像作用日益凸显。例如，1994 年，我国城镇居民食品消费的恩格尔系数首次下降到 50%以下，而居住、交通、通讯、医疗等项的支出上升趋势显著。广告主结构的变化也直接反映出这一消费趋势，当年日用消费品广告占全年广告经营总额的 80%，其中食品占 13.7%，药品占 11%，家用电器占 10.7%，化妆品占 9.7%。①

在广告产业整体快速发展的同时，各种非理性的广告观念带来的“广告乱象”也开始影响中国广告市场的健康发展。1990 年就曾有群众给中央宣传部门写信，对当时广告“多”、“滥”、“假”等问题提出批评。② 造成这些问题的原因有三点。首先是广告的作用被无限夸大。自 1996 年开始，中央电视台广告招标

---

① 数据来源：国家工商局 1994 年国内广告统计报告。

② 刘缤：《中国广告猛进史（1979—2003）》，华夏出版社 2004 年版。

中的几任标王——爱多、秦池等企业，在一掷千金、留下豪言壮语后折戟沉沙[1]，引发了社会对于广告促销作用与企业产品质量平衡的思考。其次是违法广告的数量和形态不断增加。电视台超量插播广告，电视直销、有偿新闻等广告形态大行其道，利用领导人或国家机关的名义发布商业广告等非法行为也开始出现。最后是新兴行业广告导致的管理缺失。上世纪 90 年代开始，快速崛起的房地产、IT、烟草、食品等产业，经过数年的快速发展，纷纷依托广告进行市场开拓。如何规范这些新兴广告主的广告行为，需要制定有针对性的管理规定。

二、广告管理的丰富

(一)《广告法》正式颁布

上世纪 90 年代，随着广告业在社会系统中的作用日显重要，发展中伴生的各种问题也不断凸显，客观上加速了广告管理工作的探索步伐。这一时期广告管理最显著的进步就是建立了当时较为完善的管理制度体系，其中最重要的历史节点，当属 1995 年《广告法》的正式颁布。

广告法的探索始于 1992 年的全国广告管理工作会议，当时的与会者就广告法的起草和其他管理政策的制定进行了深入讨论。这意味着国家政策层面开始重视我国广告业的科学管理和行业规范，是我国广告管理取得历史性进步的重要标志。时隔 3 年，1995 年 2 月 1 日，《中华人民共和国广告法》正式实施，为广告管理提供了法律依据和评判标准。

现在看来，《广告法》的正式颁布，对于当时的广告管理而言具有显著的促进作用。从 1982 年我国第一部广告管理法规《广告管理暂行条例》的诞生，到 1995 年完成“条例”向《广告法》的跨越式升级，标志着广告管理依据从主管部门制度上升为国家正式法律。这一变迁体现出我国广告管理理念和管理方式随广告行业发展进程而不断调整的特点，而这一特点，也是广告管理能够适应不同阶段广告行业发展特点、发挥管理效果的核心条件。

---

① 1996 年，央视“标王”秦池老总姬长孔曾以一种充满浪漫色彩的激进式语言如此描述了一个民营企业家的广告观念：“每天向中央电视台开进一辆桑塔纳，开出一辆豪华奥迪。”

(二)主管部门分工逐渐明晰

广告产业进入快速发展时期以来，传统媒体的广告投放量显著攀升。具体而言具有以下发展特征。

其一，电视媒体领域。1991—1992年度电视广告增长速度达94%，首次超过了报纸。中央电视台一套、二套每天广告时间共50多分钟。电视广告营业额达20.5亿元。1994年，在广告需求增加的拉动下，中央电视台广告价格平均提高了25%。1996年，我国电视机拥有量为2.9亿台，电视观众超过9亿人，电视人口覆盖率达87%，电视机数量和电视观众人数都位居世界第一。

其二，平面媒体领域。1993年，全国有130家报纸扩版增刊，广告收入超过亿元的前5名报界广告大户分别为《羊城晚报》《广州日报》《新民晚报》《深圳特区报》《海南日报》。1994年底，报纸以50.5亿元的广告营业额位居各广告媒体之首。

其三，户外媒体领域。新兴广告载体的开发达到近乎疯狂的程度，1992年，继北京公交车身广告和首列广告列车(琴岛海尔号)出现之后，湖北电视塔上出现的1 800平方米香烟(KENT)广告引起了社会的广泛讨论，触发了全社会对烟草广告管理和户外广告开发限制等问题的关注和思考。

各媒体广告业务的快速发展，促进了广告管理主体结构和管理分工的日益明晰，形成了以媒体形态和商品类型来划分广告管理主体，以工商行政部门为管理核心的结构体系，并延续至今。

1. 广电部门对电视广告的管理

在传统媒体领域，不同媒体广告主管部门的确立往往采取该媒体内容主管部门直接延伸到广告管理领域的简单模式，例如，国家新闻出版广电总局(原广电部)对电视广告管理就是其广电内容管理职能的延伸。因此，长期以来，我国电视广告管理最显著的特征就是采用管理内容的思想和方式来管理广告。随着广告内容的不断更新，管理的力度也在持续深入。

广电部门对电视广告的管理始于1988年1月20日，原广播电影电视部、国家工商局联合发出《关于进一步加强电视广告宣传管理的通知》，要求广播、电视不得中断节目和以新闻报道形式播出广告。此后，针对电视广告超量的问题，广电部又于1997年发布了《关于进一步加强广播电视广告宣传管理的通知》，对广播电视宣传作了19条限定。其中包括以下几点：每套节目播放广告量不得超过该节目播出总量的15%；18:00—22:00不得超过该时间段的12%；每套节目发布的酒类广告在特殊时段不得超过2条；普通时段(19:00—20:00)每日不得超过10条。1999年，国家广播电影电视总局(简称广电总局)又发出紧急通知，制止一些地区电视台、有线电视台随意乱插播或超量播放广告。

可以看出，上世纪八九十年代，广电部门对电视广告的管理以解决广告经营中产生的具体问题为主，属于典型的后置式管理。主管部门对于电视广告的传播特点和风险缺乏预先判断，也没有可参照的管理规定，基本是发现什么问题，就制定什么规定。这说明当时的电视广告管理处于摸索阶段，尚未形成科学的管理系统和管理手段。直到2003年9月15日，《广播电视广告播放暂行办法》第一次以广电总局令的形式对广播电视广告的内容、播放总量、广告插播、播放监管等进行全面规范，这一现象才得到一定的改观。

2. 新闻出版总署对平面广告的管理

这一时间段，原新闻出版署参与广告管理的过程与广电部门颇为相似。1990年，为应对当时“广告新闻化”的趋势，国家工商局、原新闻出版署联合发布了《关于报社、期刊社和出版社刊登、经营广告的几项规定》，规定报纸刊登广告时应有“广告”字样出现。1997年，中央宣传部、原广播电影电视部、原新闻出版署、中华新闻工作者协会又联合发布了《关于禁止有偿新闻的若干规定》。

由此可见，这一时期，原新闻出版署对平面广告进行管理的主要目的在于明确区分广告与新闻以及广告与其他资讯之间的界限，以防止广告的新闻化和有偿新闻，这一特点体现出主管部门对新闻客观性的重视和保护。防止广告新闻化，核心就是防止商业利益绑架新闻道德。在这一管理方针的影响下，对平面广告的管理政策大都着眼于广告方式的层面，对于广告内容的限制则较少，这也在很大程度上造成了相当一个时期我国报纸广告内容参差不齐的混乱局面。

3. 卫生部门和农业部门对特殊商品广告的管理

1995年2月1日颁布施行的《广告法》中明确规定：药品、医疗器械、农药、兽药等重要商品广告发布前必须由有关行政主管部门审查，一般商品或服务广告则由广告经营者和广告发布者审查。我国广告审查“双轨制”的建立，明确了卫生部、农业部等有关行政主管部门拥有在相关商品广告发布前的审查权。于是，上述部门开始参与广告管理工作，成为广告管理主体的组成部分。

根据规定，卫生部门和农业部门的广告管理工作主要有两个方面：其一是制度建设层面，相继出台了包括《药品广告审查办法》(国家工商行政管理局、卫生部 1995 年 3 月 22 日)、《兽药广告审查标准》(国家工商行政管理局、农业部 1995 年 4 月 7 日)、《农药广告审查办法》(国家工商行政管理局、农业部 1995 年 4 月 7 日)等在内的一系列相关广告审查办法；其二是广告发布前的审查工作，即负责在特殊商品广告发布前对广告脚本或作品进行审查并颁发发布许可。

(三)工商管理部门对于广告经营活动的管理

上世纪 90 年代，广告市场的日益繁荣，进一步促进了主管部门对广告经营活动管理的重视和调整，这种调整主要体现在以下三个方面。

其一，广告经营资质放开。随着改革开放进程中中国市场与国际市场联系的日益紧密，广告市场的开发和跨区域广告业务经营的管理备受关注。1993 年，国家工商局、外经贸部联合颁布《关于设立外商投资广告企业的若干规定》；1995 年，国家工商局发出《关于进一步加强境内企业在香港发布广告管理的通知》，标志着从政府主管部门层面对中国广告国际化进程的认可和松绑，也为加入 WTO 后中国广告市场的全面开放奠定了基础。

其二，广告经营资质管理执法力度加大。1997 年，国家工商局颁布《广告经营资格检查办法》；同年，全国各级工商部门开展的广告经营资格专项检查共检查了广告经营单位 5.3 万户，暂缓通过 4 098 户，取消违法和不具备条件的 6 239 户的广告经营资格。执法和处罚的严格，体现出主管部门对广告经营资质进行管理的决心和打击力度，在一定程度上有助于缓解广告市场的混乱状况。

其三，广告经营资质制度逐步完善。除前文提及的《广告经营资格检查办法》外，国家工商局又相继公布了《广告活动道德规范》(1997 年)和《中国广告业企业资质认定暂行办法》(2003 年)，从道德层面和管理制度层面明确规定了广告主、广告经营者、广告发布者、各类市场中介机构参与广告活动应符合的标准和规范。

综上，自 1992 年起，随着广告产业的快速发展，我国广告管理主体在结构体系上逐渐完善。从上世纪 80 年代以工商行政部门为主，各地市委、宣传部等部门参与配合的结构，转变为广电部门主管广播电视媒体广告，新闻出版署主管平面媒体广告，卫生、农业等相关部门负责特殊商品广告内容审查，各级工商行政部门行使执法处置权的多部门明确分工、相互配合的系统性结构。广告管理主体权力结构的建立，根植于当时广告主、广告公司和媒体发展的阶段特征，对上世纪末的广告生态系统具有较强的适应性，发挥了其应有的管理作用。

第三节　广告业成熟期与广告管理的成形

一、广告业进入成熟期

新世纪以来，中国广告的产业环境发生了深刻变革。从经济环境来看，首先，2001 年 11 月 10 日，世界贸易组织第四届部长级会议审议并通过了中国加入 WTO 的决定；同年 12 月 11 日，中国成为 WTO 正式成员，中国市场进入全面开放时期。其次，在外向型经济结构的拉动下，中国的国际定位从“自给自足”向“世界工厂”转变，“中国制造”成为行销全球的标志。最后，经济体系进一步趋于丰富。房地产业、现代服务业以及电信业发展加速，以国美、苏宁及物美为代表的渠道服务业兴起，银行、保险业和汽车制造、服装加工业全面勃兴，将中国市场带入了新兴产业云集的多元、繁荣时代。

作为经济发展的重要镜像，广告业在中国经济的腾飞中汲取了充分营养，始终保持着较高的增长速度，三十多年来，广告业年均增速高达 30.8%，成为我国增长最快的行业之一。除保持较快增速之外，广告业在国民生产总值中所占比例也逐渐增大，2006 年，全国广告经营额为 1 537 亿元，占国民生产总值的 0.72%。国家工商总局发布的 2012 年广告业统计数据报告显示，2012 年，全国广告经营额增至 4 698 亿元，在国民生产总值中所占比例上升到 0.9%，达到了我国当代广告复苏以来的最高占比。[①] 按照国际广告行业研究惯例，广告业规模与国民生产总值的比对是判读行业自身成熟度及其国民经济地位的重要依据，占比 1%左右即是广告行业成熟的标志，2%左右则是广告市场高度发达的

① 数据来源：根据国家工商总局历年广告业统计数据汇总整理而成。

表征。虽然我国广告业的现状与广告发达国家相比尚有一定的差距，但也可以看出中国广告业经过长期的市场实践，已经进入了产业发展的成熟期。

除了国民生产总值占比这一指标之外，中国广告业步入成熟期的标志还有以下三个方面。其一，广告业的经济基础和市场条件稳定良好。我国经济持续平稳快速增长，人民收入水平和消费能力不断提升，消费结构日益多元。这些都为广告业的发展提供了广阔的舞台和增长空间。其二，广告业进入国家战略和宏观政策视野。新世纪以来，大力发展现代服务业、文化产业作为重大发展战略被反复强调，国家战略层面日益重视广告在塑造国家品牌、提升国际影响力中的作用。这为广告提供了有力的政策扶持和发展机遇。其三，数字传播技术全面融入传媒产业，更新了广告的传播方式和理念，也大大缩小了中国广告业与国际发达地区的发展差距。在以互联网为代表的新媒体广告领域，中国广告业与发达国家处于同一起跑线上，拥有基本相同的现实基础和发展机会。

二、广告管理的成形

如前文所述，我国现行的广告管理体制是在上世纪 90 年代基本确立的。随着广告产业的逐渐成熟，新世纪以来的广告管理系统也从“基本确立”走向了“全面成形”。这一变化，主要体现在广告管理结构体系中政府体系和非政府体系之间的分工和关系以及制度层面广告管理法律法规体系等要素的全面确立。

(一)广告管理的政府体系

1. 政府行政管理部门：国家工商总局广告监管司

2001 年，国家工商行政管理局更名为国家工商行政管理总局(后文简称国家工商总局)，广告司也更名为广告监督管理司(简称广告监管司)，《国务院办公厅关于印发国家工商行政管理总局职能配置内设机构和人员编制规定的通知》(国办发〔2001〕57 号)中规定了广告监管司的工作职能：“研究拟定广告监督管理的规章制度及具体措施、办法；组织实施对广告活动的监督管理，依法查处虚假广告等违法行为；指导广告审查机构和广告协会的工作。”2002 年 8 月 22 日，中央机构编制委员会决定将原由国家经贸委承担的广告业发展指导工作移交国家工商总局。

从职能划分上可以看出，广告监管司对广告行业的作用主要有三个方面。第一是制定管理的制度体系。这项工作决定了广告管理的政策设置、管理思想、管理技术和管理模式，是广告管理工作的基础和支撑。第二是执法职能。原国家工商总局副局长刘凡曾撰文指出："作为中国广告的监管者，工商部门担负着两项任务：一是尽快消除虚假违法广告，不断提升广告的真实度和诚信度；二是清理低俗不良广告，不断提升广告的格调和品位。"[①]这一职能的有效发挥，决定了工商部门必须建立覆盖全国的高素质执法队伍。第三是指导功能。主要开展面向广告审查机构和广告协会的指导工作。这一定位的确立，实质上明确了广告审查机构和广告协会的附属关系，即上述两个机构需要在广告监管司的指导下开展工作，客观上丧失了独立性；且"指导"一词的概念过于宽泛，难以界定清晰明确的指导范畴和领域，使上述两机构在实际工作中难免事无巨细，都需要请示上命。这必然会在很大程度上影响我国非政府广告管理体系作用的发挥。

综上，国家工商总局广告监管司对广告行业管理职能体现在立法、执法和指导三个方面，是我国广告管理体制的核心机构。

2. 传媒广告管理系统

目前，我国传媒产业领域的广告管理系统主要包括两个部分：面向广电媒体的广告管理和面向平面媒体的广告管理。2013 年之前，上述两部分管理职能分别归属广电总局和国家新闻出版总署。随着 2013 年 3 月 14 日全国人大十二届一次全体会议通过了国务院组建"国家新闻出版广电总局" 的决议，原广电总局和原新闻出版总署作为行政主体不复存在，传媒管理系统的主管机构也发生了相应的变化。

然而，由于新机构合并伊始，各部门的职能分工调整尚未明晰，所以截至本书写作之时，机构合并对传媒广告管理系统结构和功能的影响尚未显现。因此，以下研究依然以原广电总局和原新闻出版总署的广告管理为主。

(1)广电媒体广告管理

目前，广播影视媒体的广告管理工作主要由原广电总局传媒机构管理司负责，其主要职责是指导、监管广播电视广告播放及相关活动，管理的范围包括广

---

① 刘凡：《中国广告的监管、发展与社会责任》，《中国工商管理研究》2008 年第 1 期，第 25—27 页。

播电视媒体的播出许可证发放、广告导向和广告播出量总体控制。

对比前文研究内容，我们发现，从上世纪 80 年代到新世纪初，广播电视广告的管理权在逐步从工商行政管理部门向广电行政部门过渡。1988 年 1 月 20 日，当时的广播电影电视部和国家工商行政管理局联合发布了《关于进一步加强电视广告宣传管理的通知》，明文规定：对于违规的广告活动，应当“由各级广播电视厅、局向同级工商行政管理部门提出处理建议，由工商行政管理机关按照广告管理法规予以查处”。[①] 由此可见，当时对于违法电视广告的处置权归属于工商行政机关，广电部门主要负责举证和提出处理建议，处于配合的从属地位。

新世纪以来，随着广电系统体制改革的完成和电视广告商业价值、社会问题的日益凸显，作为广播影视主管部门的广电总局在广告管理方面的职能也得到了进一步强化。2003 年，广电总局 17 号令[②]的颁布，明确规定了由广电总局负责管理广播电视广告的播出活动，负责处置违法广告活动及其责任人。这一规定的出台，意味着电视广告管理权和处置决定权从工商行政部门向广电行政部门转移，是广电行政部门对电波媒体广告进行直接管理的标志。

此后 7 年，广电总局又相继出台了《关于整顿广播电视医疗资讯服务和电视购物节目内容的通知》（2006 年 7 月 19 日）、《广播电视广告播出管理办法》（广电总局 61 号令）[③]、《关于进一步加强广播电视广告播出管理的通知》（2011 年 10 月）[④]以及《〈广播电视广告播出管理办法〉（国家广播电影电视总局 61 号令）的补充规定》（2011 年 11 月）[⑤]等一系列电视广告管理政策文件。

---

① 张国才：《改革开放以来我国广播电视广告规制的发展与问题》，《中国广播电视学刊》2009 年第 1 期，第 43—44 页。

② 广电总局 17 号令即 2003 年 9 月 15 日国家广播电影电视总局以总局令的形式颁布、2004 年 1 月 1 日正式施行的《广播电视广告播放管理暂行办法》，这是广电总局首次对广播电视广告的内容、播放总量、广告插播、播放监管等作出全面规范。

③ 2010 年，广电总局又出台《广播电视广告播出管理办法》（广电总局 61 号令），替代了之前发布的《广播电视广告播放管理暂行办法》（广电总局 17 号令），规定播出电视剧时，可以在每集中插播两次商业广告，每次时长不得超过 1 分 30 秒。其中，在 19:00 至 21:00 之间播出电视剧时，每集中可以插播一次商业广告，时长不得超过 1 分钟。

④ 《关于进一步加强广播电视广告播出管理的通知》，规范影视剧中间插播广告行为，除了重申必须严格遵守总局 61 号令规定外，还要求插播广告时对广告时长进行提示。另外，还禁止在片头之后、剧情开始之前，以及剧情结束之后、片尾之前插播任何广告。

⑤ 《〈广播电视广告播出管理办法〉（广电总局 61 号令）的补充规定》，决定自 2012 年 1 月 1 日起，全国各电视台播出电视剧时，每集（以 45 分钟计）中间不得再以任何形式插播广告。

从文件内容中可以看出，近年来传媒机构管理司对电视广告的管理主要体现在对位置和时长等广告产品形态的限制上，对于广告内容和虚假广告的直接管理力度尚显不足。

(2)平面媒体广告管理

与广电行政部门的广告管理职能类似，以原新闻出版总署为主的新闻出版部门在广告管理中主要负责纸质媒体出版发行许可证的发放和广告版面控制的管理工作。

相比广电媒体，对于平面媒体的广告管理工作，原新闻出版总署与工商行政部门有着更加密切的配合。在上述两个部门联名发布的多项平面广告管理规定中，二者的分工都较为明确。除上文列举的20世纪90年代新闻出版总署发布的广告管理规定外，2006年10月18日发布的《关于禁止报刊刊载部分类型广告的通知》(新出联〔2006〕11号)规定："各地新闻出版行政部门和报刊主管主办单位要将报刊广告列为出版审读内容，对审读中发现的违规问题要及时做出处理。各地工商行政管理机关要加强对报刊广告、印刷品广告内容的监测和检查，会同新闻出版行政部门做好相关管理工作，依法查处各类违法广告，及时曝光典型案件。"由此可见，报刊广告的查处工作归属于工商行政部门，新闻出版行政部门主要负责广告内容的审读工作。《关于加强固定形式印刷品广告监督管理工作的通知》(工商广字〔2007〕40号，2007年2月27日发布)也明确提出：由工商行政管理机关负责固定形式印刷品广告的监管，新闻出版行政机关则负责依法查处利用固定形式印刷品广告从事非法出版活动的行为。

从规定内容可以看出，原新闻出版总署管理平面广告的核心理念可概括为"新闻标准的广告导向管理"。例如，原北京市市委宣传部部长、现任国家新闻出版广电总局局长的蔡赴朝曾提出"新闻单位要像管理新闻一样管理广告，要坚决把不良广告逐出版面"的报刊广告管理理念。要实践这一理念，就要求"报纸广告编审人员按照《新闻纪律教育大纲》《关于进一步加强新闻出版单位广告管理的通知》等严格审查广告内容，提高'广告导向'把关能力，保证不出政治性差错"。①

综上，作为平面广告的主要管理机构，与广电行政部门不同的是，新闻出版

① 王墨国：《"广告公民"促进和谐社会建设——报纸广告编审重点及案例评析》，《今传媒》2010年第3期，第93—95页。

部门的广告管理工作可概括为以下几点：广告内容以确保政治安全为导向；工作形式为与工商行政部门联合颁布管理制度，由工商行政部门行使违法广告的处置决定权；职能定位以配合和从属为主。新闻出版部门在广告管理的独立性方面不如广电总局。

可以预见，随着上述两个机构的合并完成，原有基于媒体形态的广告管理职能分野将逐渐消失，包括广电媒体和平面媒体在内的综合型传媒广告管理系统将发挥主要作用。

3. 电信广告管理系统

在我国，电信管理机构参与广告管理的开端是新媒体快速发展带来的广告载体的多元化。从2006年开始，移动运营商的媒体化进程加速，增值业务多样化趋势显著，使得手机媒体广告突破了单一的短信形式，广告载体日趋多元。与此同时，互联网领域经历了从门户网站和电子邮件向网络视频、社交网络、网络游戏和电子商务的业务系统升级。市场的需要、投资的热潮和新媒体传播价值的凸显，共同催生了大量的新型广告形态。电信管理机构在广告管理中的作用日益受到社会关注。

目前，我国电信管理机构的广告管理职能主要体现为对互联网、移动媒体以及其他新媒体业务的广告进行管理。值得注意的是，目前作为电信行业主管部门的工业与信息化部（后文简称工信部）并未出台直接的网络广告或移动媒体广告管理规范，但其对于网络服务的相关规定往往会对网络广告造成直接影响。

例如，工信部于2011年1月14日公布的《互联网信息服务市场秩序监督管理暂行办法（征求意见稿）》中规定：互联网信息服务提供者不得干扰用户终端上其他经营者经营的合法产品或服务的运行；不得修改其他经营者提供的合法产品或服务的内容；不得拦截其他经营者提供的合法产品或服务的信息。此规定虽然表面上是对互联网信息服务的规范，但其管理效果却直接影响了用户使用客户端软件或浏览器屏蔽弹窗式广告的功能，因此，一经发布就引起了互联网广告行业的热议。消费者的明确反对与部分广告主的支持和期待形成了鲜明的对比。

电信管理机构的广告管理职能还表现为对广告造成的社会问题进行回应和处理。例如，2008年的“3·15”晚会上，中央电视台曝光分众无线占有“垃圾短信”的 80％市场。在同年 4 月发布的《2007 年中国手机用户垃圾短信调查结果》中显示：在用户收到的来自 SP 引导、诱骗消费者的信息中，IVR 色情声讯不良信息和 WAP 不良链接占 42.36％。垃圾短信造成的社会问题，实际上暴露了手机广告监管的缺位，即到底是谁泄露了顾客的信息？追究责任的依据又在哪里？为解决这一社会关注的热点问题，2009 年 4 月，在工信部指导下，中国电信、中国移动、中国联通签署了《关于网间垃圾短信联动处理框架协议》，对此进行了官方回应。

综上，相比传统的电波媒体和印刷媒体，互联网和手机媒体广告目前是我国广告管理中的薄弱环节，虽然电信管理部门发挥了一定作用，但互联网和手机领域整体监管缺位和管理茫然的现象依然非常严重。

造成这一现象的原因主要有两个方面。

其一，主管主体不明确。我国电波媒体和印刷媒体分别由原广电总局和原新闻出版总署的相关部门专职管理。如前文所述，上述两个部门从对媒体的日常内容管理向广告管理的延伸较为顺理成章，而互联网和手机媒体则始终存在着多头管理的问题。以手机电视为例，点播通信式手机电视由电信部门管理，而广播式手机电视则归广电部门管理。在广告管理的实践中，除了电信法和广电法的博弈之外，还极易触发广电部门和电信部门由来已久的部门矛盾。

其二，工商行政部门存在管理思想陈旧和法规更新滞后的问题。在互联网广告管理方面，工商行政部门在很大程度上依然沿用传统的广告管理思维，对新媒体广告的特点和变化缺乏深入的理解和适应性调整，管理法规严重滞后。例如，从本世纪初至今，仅北京、浙江等地在工商部门主导下制定了适用于本地区的互联网管理办法，如《北京市网络广告管理暂行办法》(2001 年)和《浙江省网络广告登记管理暂行办法》(2002 年)，至今尚未形成全国范围内可依据的权威法规。

综上，随着广告产业的逐渐成熟，我国广告管理系统也进入了全面成形的发展阶段，其标志就是建立了“以部门职能分工为基础，有关机构各司其职，各负其责，齐抓共管”[①]的管理结构。客观上说，这一管理结构的功能和效率基本符合新世纪初期广告行业发展的特征，对维护广告行业的健康发展具有一定的

---

① 刘凡：《基于公众利益的广告监管模型及其策略研究》，华中科技大学博士学位论文 2006 年。

积极作用。

然而，随着广告产业环境的日趋复杂，广告管理结构中存在的问题也非常突出。多部门齐抓共管很容易变成政出多门、无所适从，也很容易造成多头管理、相互推诿。同时，由于新媒体广告等市场发展迅速，经济价值较高的领域很容易因监管主体缺位和管理思想落后而出现监管空白，进而导致相关的社会问题频发。

（二）广告管理的非政府体系

相对于行政主管部门而言，我国广告管理体系中发挥补充作用的行业自治组织和社会监督机构统称为广告管理的非政府体系。根据发达国家的经验，理想的广告管理体制应当是政府的法制管理、广告行业的自我约束以及社会的有效监督三者有机结合的产物。美国、日本等国家广告管理的最大特点是以行业自我约束为主导，而反观我国广告管理的非政府体系，距离这一目标尚有很大的差距。下文将分别就广告行业组织和社会监督机构的发展现状进行详细分析，旨在揭示非政府组织在我国现有广告管理体制中发挥的作用和存在的问题。

1. 广告行业组织

国际广告管理的成功经验表明，成熟的广告行业组织是广告行业自律的重要管理主体。以法国为例，法国广告业自治团体是广告审查协会，该协会由法国广告联盟、消费者协会和主要的广告经营者组成。它站在消费者的立场上对广告进行审查，并监督广告法规的实施情况，在法国广告管理中发挥着主导作用。[①]

目前，我国主要的广告行业自治组织是中国广告协会和对外经济贸易广告协会。中国广告协会的介绍中明确指出："中国广告协会接受国家工商行政管理总局的领导，按照国家有关方针、政策和法规对全国广告宣传与经营进行指导、协调、咨询、服务、协助政府进行行业管理。"[②]由此可知，我国广告协会并不具有直接管理广告行业的职能，而是在国家工商总局的领导下，承担宣传政策

---

① 刘林清：《广告监管与自律》，中南大学出版社 2003 年版，第 232 页。

② 刘凡：《基于公众利益的广告监管模型及其策略研究》，华中科技大学博士学位论文 2006 年。

法规的工作，协助政府进行行业管理，在中国广告管理中发挥的作用甚为有限。究其原因，主要有以下三点。

首先，中国对外经济贸易广告协会和中国广告协会都成立于上世纪80年代初期[①]，根植于计划经济的土壤，带有明显的官方或半官方色彩。而国际上发达国家的广告行业组织大都是由广告主、广告公司和媒体自发成立的民间行业组织，是行业发展到一定成熟度之后的自然结晶。

其次，从发展周期上看，中国当代广告业仅仅经历了三十余年的发展，行业成熟度和经验积淀都不足以孕育出高素质的行业组织，更难以实现真正意义上的自律式管理。这就是为什么目前我国广告管理的非政府组织是由政府行政部门牵头成立并给予工作指导的重要原因。同时，由于长期超常规发展，中国广告业面临的问题非常复杂，西方广告行业用了上百年来发现、解决的问题，在我国被压缩到短短的三十余年内集中释放。因此，中国广告业要同时面对行业共性问题和具有中国特色的特有问题。行业尚未成熟，问题错综复杂，这在客观上决定了靠广告行业组织自律式管理为主导的路径在我国现阶段还难以行得通。

最后，我国广告行业组织的半官方色彩决定了其独立性较弱、职责和属性模糊，从而在客观上制约了其管理作用的发挥力度。一方面，上述机构的日常运转依靠行政拨款，不具备经济独立性。另一方面，广告行业组织的日常工作在广告管理机关的指导下开展，这在很大程度上限制了广告行业组织的自主性和灵活性，降低了其对行业发展和市场变化的敏感度，不利于上述机构感知快速发展的广告业，并发挥有效的管理作用。

综上，虽然广告行业组织在广告管理中的重要作用已经在发达国家得到了充分验证，而且在我国近年来的相关研究中，学者们关于“增强广告行业非政府组织的独立性”的呼吁已在很大范围内达成共识。但是，无论观点多么一致，实际的推动效果却并不明显，其中原因，值得引起行业的深刻反思。

2. 社会监督机构

“广告的社会监督，是指来自广大民众的，通过某些社会组织、社会团体、舆

---

① 中国对外经济贸易广告协会成立于1981年，中国广告协会成立于1983年。

论机关、各种群众自治组织或者由公民自行地对广告活动的各个方面进行的监督。”[①]在我国广告管理体制中，社会监督机构主要包括消费者协会和新闻媒体。

然而，不容忽视的是，我国消费者协会是挂靠在同级工商行政管理机构的消费者组织，其职责非常广泛，并不是专门的广告业监督组织。通过消费者协会来揭露违法广告，需要消费者有较强的维权意识和广告素养。与此同时，消费者协会与广告主管部门的具体广告管理工作并非密切相连，不具有行政强制性，这在很大程度上影响了其处理问题的效率和效果。

新闻媒体作为舆论传感器，具有揭露违法广告真相、形成公众舆论谴责的能力，在广告管理实践中具有重要意义。前文列举的“垃圾短信”和手机用户隐私泄露事件，就是2008年由中央电视台“3・15晚会”率先报道、引起社会热议的。新闻舆论监督最终加快了工信部门和运营商出台管理办法的速度。

可是，新闻媒体出于对新闻价值的追求而进行的违法广告报道虽然有一定意义，但也有较强局限性。例如，虽然电视媒体更愿意去揭露互联网、手机或报刊媒体的违法广告问题，但出于对自身利益的维护，对电视广告存在的问题或广告主的产品质量问题往往低调处理，甚至知而不报。因此，从整个社会层面来看，可持续的良性广告社会监管环境尚未形成。

综上，虽然行政部门管理、行业组织自律和社会监督机制被认为是理想的广告管理结构体系的“三驾马车”，但当前我国广告管理的主要特征还是由政府行政部门主导，行业组织和社会监督机构的作用尚未得到充分发挥。以广告协会为代表的行业组织独立性较弱，工作内容限于宣传和协助的简单层面，而消费者协会等社会监督机构又不能与行业主管部门密切配合，管理作用甚为有限。

(三)广告管理体制的制度体系

随着广告行业总体成熟度的不断提升，新世纪以来，广告管理法规法条体系的发育也日益健全，为广告管理和执法工作有法可依、有章可循提供了有力保障。截至目前，已经出台的广告管理相关法律法规包括《广告法》《药品管理法》《食品卫生法(试行)》《产品质量法》《反不正当竞争法》和《消费者权益保护

---

① 刘凡:《基于公众利益的广告监督模型及其策略研究》，华中科技大学博士学位论文2006年。

法》等;广告单行法规包括《化妆品广告管理办法》《烟草广告管理暂行办法》《药品广告审查标准和房地产广告发布暂行规定》等;广告行政规章包括《关于禁止利用医生和患者名义刊播广告的通知》《国家工商行政管理局关于严禁刊播性生活产品广告的通知》等几部分[①]。这些管理法规构成了广告管理的法律依据,是广告管理决定处置的标准和支撑。

第四节 广告管理的现状和特征

一、广告管理现状综述

通过本章论述我们可以看出,广告复苏以来,中国现有的广告管理体制基本上是在上世纪 90 年代中期确定下来的[②]。确定的标志是:管理结构方面,初步建立起以广告行政管理系统为主体,广告协会和社会监督机构为组成部分的管理系统;管理制度方面,相继确立了广告审查制度、广告行业自律制度和广告社会监督机制,广告法制化建设进程也显著加快。从 1982 年 2 月 6 日国务院颁布中国历史上第一部广告管理法规《广告管理暂行条例》到 1995 年的《广告法》、1997 年的《广告活动道德规范》和 1998 年的《广告语言文字管理暂行规定》等一系列相关法律的陆续出台,我国形成了较为齐备的广告法律体系。

现有研究中,对于广告管理的描述角度,因视角和定位不同而有所差异。例如,学者戴丽娜认为:“我国的广告监管体系由监管主体、监管客体以及监管的法律依据三部分构成。”[③]杨柏松则将广告业管理的主体关系分为三层,“即国家对广告业的管理(行政管理),行业自律组织对广告业的管理以及社会群众性监督组织对广告业的管理”[④]。本部分对于广告管理的描述将主要采用前者的研究框架。

广告监管主体是广告管理的结构体系,包括政府管理体系和非政府管理体

---

① 戴丽娜:《如何完善我国广告监管体系》,《声屏世界》2005 年第 8 期,第 46—47 页。
② 陈刚:《中国广告管理的四个问题》,《广告大观》2005 年第 5 期,第 146—147 页。
③ 戴丽娜:《如何完善我国广告监管体系》,《声屏世界》2005 年第 8 期,第 46—47 页。
④ 杨柏松:《我国广告管理体制存在的问题及对策》,《河南广播电视大学学报》2003 年第 1 期,第 37—39 页。

系。政府管理体系主要由履行广告管理职能的政府相关部门组成，具体而言，包括各级工商行政管理部门，广电总局、原新闻出版总署等媒体管理部门，卫生、农业行政部门以及医疗器械行政监管部门等特殊商品广告管理部门；非政府管理体系主要包括广告行业组织和消费者协会，由它们承担广告行业的自律和监督等管理职能。

广告监管客体构成与广告生态系统的主要环节之间具有很强的对应关系。根据《广告法》的相关界定，管理客体主要包括广告主、广告经营者和广告发布者。其中，广告主是广告的出资人和信息源，广告经营者主要包括以广告公司为代表的广告业务经营机构，广告发布者则专指各种形态的媒体运营机构。

广告监管的法律依据属于广告管理的制度体系，上文中列举的相关法律法规，是广告管理实践的评判标准和执法处置依据。同时，除广告管理的法律依据之外，广告管理制度层面还包括与广告管理行政系统相适应的政策、法规、制度、原则和方法，如政策设置、管理标准、管理导向和管理模式等多方面的内容。

广告管理体系的监管流程和各主体之间的关系如图 2－1 所示。需要说明的是，由于广告管理客体与广告生态系统主体之间具有很强的对应性，本书第一章已专门讨论过广告管理与广告生态系统的互动关系，所以图 2－1 描述的管理结构中未涉及广告管理客体，而是主要针对广告管理主体和法律依据的管理作用进行了描述和展示。

如图 2－1 所示，目前在我国广告的管理活动中，广告监管流程是通过法律、自律和监督三种途径来完成的。在广告管理的政府体系中，各司其职的政府相关部门从各自的管理职能层面负责各自领域的广告管理。其中，各级工商行政部门是广告管理的核心机构，其管理功能覆盖广告传播活动的整个流程和广告生态系统的每一个构成主体。具体而言，政府体系的广告监管职责是：“完善法律法规，健全监管体制，实行许可制，监管全过程，依法查处违法广告。”①

广告管理的非政府体系中，广告行业组织和消费者协会对广告管理的作用主要体现为监督和投诉。由于自身不具备行政处置权，上述两个机构必须与工商等政府管理部门保持高效通畅的信息沟通才能确保自身的管理效果。

---

① 戴丽娜：《如何完善我国广告监管体系》，《声屏世界》2005 年第 8 期，第 46－47 页。

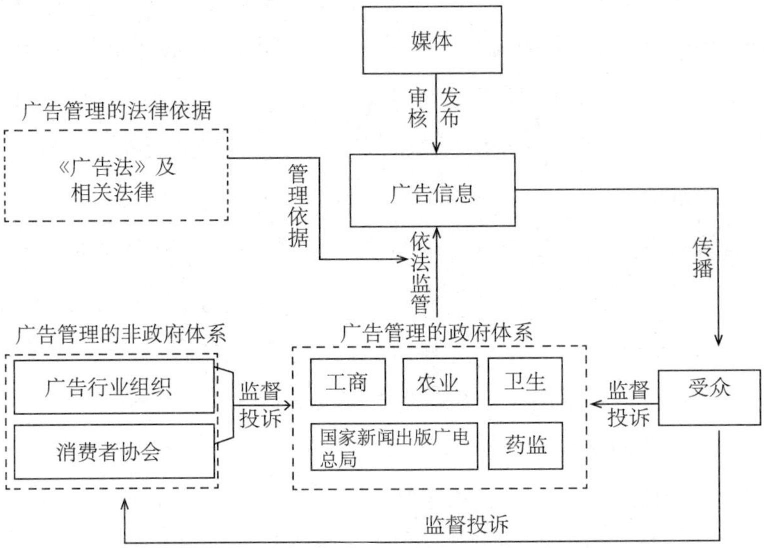

图 2—1 我国广告管理结构及监管流程

二、广告管理的现存特征

对于我国现行的以广告行政管理系统为主体，以广告审查制度、广告行业自律制度和广告社会监督为必要补充的广告管理结构及其存在的问题，近年来许多研究者进行了深入的思考，讨论的焦点集中在以下几个层面。

第一，广告管理体制的结构和主次关系不协调。表现为广告管理的政府体系与非政府体系之间在相互配合、分工合作层面上失调。第二，制度建设滞后。法律空洞带来的管理缺位在新媒体广告管理领域格外突出。第三，行业组织和广告审查机构独立性差。行业自我管理效果较差，客观公正的广告审查环境尚未建立。第四，对违法广告大多采取事后监管模式。虚假广告多在已经产生严重不良社会影响之后才进入管理部门的视野，管理模式以亡羊补牢为主，难以在出现问题之前防微杜渐。

除了上文列举的学者观点之外，从整体层面上看，当前广告管理具有的三方面特征决定了它的发展现状。

首先，广告管理对于传统媒体环境的适应力较强。从本章的研究中可以看出，我国现行广告管理系统根植于传统的媒体环境，面向不同媒体形态的广告主管部门已经形成了明确的管理范围和合作方式。在这一环境下，广电媒体和平面媒体的广告管理基本实现了预期的效果，对净化媒体空间、确保广告内容健康发展发挥了较为显著的作用。由此可见，当前的广告管理系统对于传统媒体环境的整体适应力较强，如果广告生态系统始终保持原有的媒体环境结构关系，这种广告管理系统应当能够满足广告管理的整体需求。然而，在广告媒体环境发生变化的时候，这种基于传统媒体环境的广告管理系统的适用性就会面临非常严峻的考验，上文论述的电信机构广告管理缺位就是其中的表现之一。

其次，广告管理系统的更新和调整能力逐渐消解。通过本章对广告生态系统发展与广告管理系统成形过程的梳理，我们可以看出，从 1979 年广告业复苏开始到 2006 年新媒体广告全面发展之前，广告管理理念和管理方式的更新和升级与广告行业发展进程基本保持了同步。例如，主管部门从“广告处”升级为“广告司”、广告管理制度从《管理暂行条例》演进为《广告法》，体现了当时的广告管理系统具有较强的自我更新和调整能力。

然而，时至今日，面对广告生态系统的全面更新，广告管理系统的适应力却在不断消解。例如，面对管理制度缺失的问题，《广告法》的执行细则迟迟不出，修改工作进展缓慢；面对新的管理对象，新的管理主体难以明确，多头管理和缺位管理的现象同时存在。为什么在稳定的管理结构体系和管理制度体系中会出现更新和调整能力消解的现象？这是值得我们深入思考的课题。

最后，当前广告管理研究的核心是管理系统与整体生态系统的对应。从广告生态系统的视角来看，广告管理的作用在于如何保障更加健康、协调的生态关系。以此为目标，研究的核心在于思考系统主体之间的结构关系、子系统之间的互动关系以及整个广告生态系统与外界环境中相关的其他生态系统之间如何相互影响和适应。只有将广告管理的具体问题置于相对宏观的生态系统中进行分析和反思，理顺上述环节之间的相互关系，才有可能更好地剖析其运行中存在的问题，探究解决之道。本书后续几章的内容将遵循这一逻辑脉络逐渐展开。

第三章　广告生态系统的变迁

上一章提出了从广告生态系统的层面进行广告管理思考的研究思路。要实现这一目标，需要深入分析当前广告生态系统的发展现状和变迁趋势，明确系统主体之间的互动关系。按照这一逻辑脉络，从本章开始，我们将用两章的篇幅深入探讨广告生态系统的变迁及现阶段广告管理存在的主要问题。

根据广告生态系统结构，本章研究内容可以归结为“四个主体”和“一条主线”。其中，“四个主体”是指针对广告生态系统主体的研究。按照本书第一章的相关定义，广告生态系统主体主要由广告主、广告公司、媒体、受众四部分构成。从管理角度来看，对它们的研究，就是对广告管理客体的研究。因此，我们将分别从这四个主体的视角切入，逐一探讨广告生态系统主体的变化趋势。

“一条主线”则是指以媒体技术变革为研究主线。因为广告生态系统是一个包括了多个子系统的综合系统，我们在厘清系统主体变化趋势的基础上，还应当关注这些子系统之间相互制约、相辅相成的互动关系。在当前系统主体的变迁中，媒体技术变革是最为关键的变量，是广告生态系统中制播、播控、传受等子系统全面变革的核心驱动力。因此，以媒体技术变革路径为主线，总结当前广告生态系统变迁的主要特点是本章的另一重点。

第一节　广告业规模增长

2013 年最新的广告产业统计数据显示，广告业从上世纪 70 年代末复苏至 2013 年，经历了 33 年的发展变迁，已经形成了 4 698 亿元的产业规模。回顾广告业年度经营额的增长轨迹，我们可以看到，虽然不同时期的发展轨迹有所起伏，但中国广告业的规模总体始终保持着较快的增幅，从图 3－1 所示的广告经营额年度增长数据可以看出，中国广告业经历了三次较快的增长阶段：

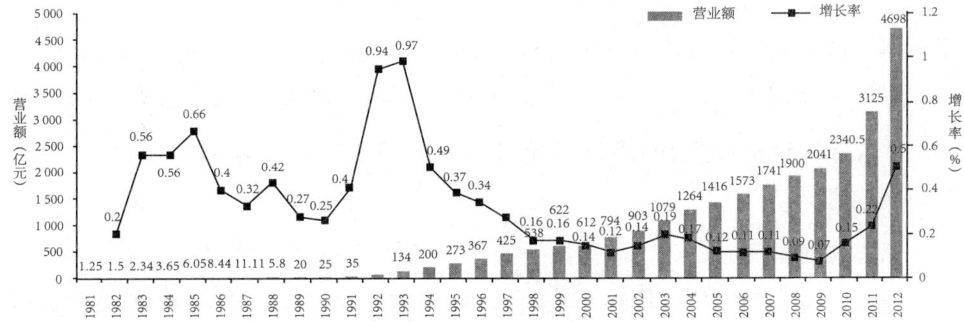

图 3－1　中国广告业规模增长轨迹(1981—2012)

数据来源：根据《中国广告统计年鉴》历年数据整理

第一次是 1981 年至 1986 年，我国经济体制从计划经济向商品经济转型，逐渐开放的社会思潮和迅速激活的商品市场带来了广告业的快速增长；第二次是 1991 年至 1994 年，我国正值改革开放和全面建设社会主义市场经济的发展战略转型期，市场经济的全面繁荣和居民消费能力的不断提升推动了广告业又一次快速增长；第三次则是 2010 年至今，我国进入转变经济发展方式的战略转型期①，中国超越日本而成为世界第二大经济体，宏观经济持续平稳快速增长，人民收入水平不断提高，再一次将广告业带入发展的快车道。

广告业的规模对于广告生态系统的发展具有重大意义。在产业规模不断扩大的同时，广告生态系统的格局也在不断拓展。具体而言，主要有以下几个层面的变化。

一是广告主层面。1981 年，由于商品经济刚刚起步，企业的广告意识和营销观念尚未完全激活，很多企业由于担心政治风险，对广告持观望态度，所以当年我国广告经营额仅为 1.25 亿元。到了 2012 年，在高度发达的市场经济环境下，广告已经成为企业必不可少的品牌战略，多元化的广告策略，结合立体型的传播渠道，创造了 4 698 亿元的广告经营额。

二是广告经营者层面。1981 年，广告业复苏初期，全国参与广告经营的单

① 温家宝在 2010 年政府工作报告中指出“转变经济发展方式刻不容缓”，这体现出国家战略层面对当前中国经济发展方式转型的重视。

位只有 1 160 家，从业人员仅有 16 160 人；而到 2012 年，全国的广告经营单位已经增至 377 778 家，从业人员达到 2 177 840 人。如此巨大的增幅，说明广告的业务体系已经从当年以设计为主的单一业务类型，升级为经营模式多元、专业知识丰富的复杂业务类型。广告业已经成为具有知识密集、技术密集、人才密集等特征的现代信息服务产业。站在产业发展潮头的广告经营者，同时也是能够掌握新兴传播技术、洞悉信息服务演进趋势的前瞻者，需要具备较高的想象力和创造力。

三是媒体层面。1979 年，全国共有 485 万台电视机，私人固定电话不超过 1 000 部，户外、地铁等广告媒体刚刚出现；而到 2012 年年初，全国有线广播电视用户已达到 20 152 万户，私人电话已经演变为移动智能媒体终端，全国手机网民规模达到 3.56 亿。广告的媒体渠道打破了传统四大媒体一统江山的格局，转而进入了“立体化”的“混媒”环境。

依托新的媒体形态和媒体应用，媒体、广告经营者和广告主能够开发出无限可能的广告产品，传播技术的更新正在加速推动广告业整体规模的增长。

综上，可以看出，在广告业三十余年的发展轨迹中，产业规模的日益拓展与广告生态系统中各主体的深刻变革密不可分。广告业总体规模的增长，源于广告生态系统主体自身的体量膨胀、功能丰富和内涵更新。

反过来看，广告业规模的巨量化，也为广告生态系统主体提供了新的平台和起点，在很大程度上提升了广告生态系统在社会、经济系统中的价值和重要性。原本由于规模有限和基础薄弱而容易被“边缘化”甚至被忽略的中国广告业，将会越来越受到社会大众、主管部门乃至竞争对手的广泛重视。因此，我们探讨广告生态系统变迁，不但关系到一个规模近 5 000 亿元的产业，更关系到社会经济的正常运转和文化产业的发展趋势。基于这种认识，下面几节内容将分别从广告主、广告公司、媒体和受众的不同层面，深入研究其变化趋势及对广告生态系统的影响。

第二节　广告主变化

广告活动发端于广告主的营销需求，广告主既是广告活动的出资人，又是广告传播效果的直接受益者。因此，广告主是广告生态系统主体中信息流的源头。

广告是社会发展的镜像。广告业复苏至今，见证了上世纪 80 年代改革开放带来的产业全面勃兴和市场逐渐繁荣；经历了上世纪 90 年代由计划经济时代向市场经济时代转型带来的消费欲望解放和消费能力升级；也记录了新世纪以来中国市场和中国品牌日益加速的国际化扩张和探索。在这一历程中，虽然广告主在广告生态系统中的主导作用始终不曾动摇，但随着整体经济环境的变化，广告主在自身的行业结构、广告策略、广告观念等多方面也在不断经历变化和更新。本节将对上述三个层面进行梳理。

一、广告主行业结构的变化

(一)主要投放行业常年稳定

2000—2012 年的广告业统计数据显示，长期的市场实践中，我国投放前 10 位的广告主结构呈现出平稳、集中的特点，主要由食品、家电、房地产、药品、化妆品、汽车、旅游、酒类等行业构成。其中 2006—2010 年，广告支出前 5 位的行业（房地产、药品、食品、汽车和化妆品）占总额的比例始终保持在 41%左右。

广告主行业结构的稳定，使得上述行业成了拉动总体广告经营额增长的主要动力，因而这些重点广告主集群每年的投放规模和增速便相应地成了备受行业研究者关注的焦点。通过对历年广告业统计数据的全面分析，可以发现，看似稳定的广告主行业结构背后有以下两个特点。

其一，从广告管理的角度来看，行业违法广告数量与广告投放规模成正比。以 2009 年为例，国家工商总局发布的《2009 年中国广告业统计数据报告》显示，2009 年，国家工商总局全年查处违法案件 46 903 件，其中，查处违法广告最多的 10 个行业如表 3—1 所示。

表 3—1　2009 年查处违法广告最多的 10 个行业(单位：个)

名次	行业	违法广告数量
1	药品	6 016
2	食品	4 898

续表

名次	行业	违法广告数量
3	医疗服务	4 032
4	房地产	2 268
5	家用电器	1 578
6	服装服饰	1 302
7	农资	1 029
8	商场销售	947
9	医疗器械	801
10	化妆品	714

数据来源:国家工商总局《2009 年中国广告业统计数据报告》

可以看出,违法广告较多的行业与常年占据广告投放前 5—10 位的行业有很高的重叠度,其中药品、食品、医疗服务和医疗器械等重度广告投放行业更是常年违法广告的高发行业,多次受到整顿和查处。如上一章所论,广告是传媒生态系统的支撑性子系统,上述行业的广告经营情况在很大程度上决定了整体广告业经营额的增长空间和速度。药品、医疗服务广告更是许多地方媒体的主要经营收入来源。如此重要的支柱性地位,却又伴随着常年居高难下的广告违法率。我们应该反思:这一现象的成因到底应该单纯归结为广告主的法律意识淡薄、道德素养欠缺?还是应该归结为广告管理部门和审查制度方面的深层次原因?

其二,虽然广告主的主体结构趋于稳定,但是这些重点投放行业非常容易受到经济形势动荡和政策法规限制的影响。例如,2008 年全球金融危机对中国汽车市场的冲击就直接影响了汽车行业广告的投放总量,同时,"在一片裁员、倒闭、预算缩减的惶惶不安之中,房地产、金融等投放最大的几大行业也纷纷释放出危机的讯号"①。

制度限制对上述行业的广告投放影响亦非常显著。以医药行业广告为例,如图 3—2 所示,2005 年投放总额为 3 601 012 万元;2006 年由于限制性政策法

① 国家工商总局:《2009 年中国广告业统计数据报告》,《现代广告》2010 年第 3 期。

规的出台和管理力度的加大[①]，广告投放额迅速下降为 1 490 093 万元，仅为上年投放总量的 41.3%。

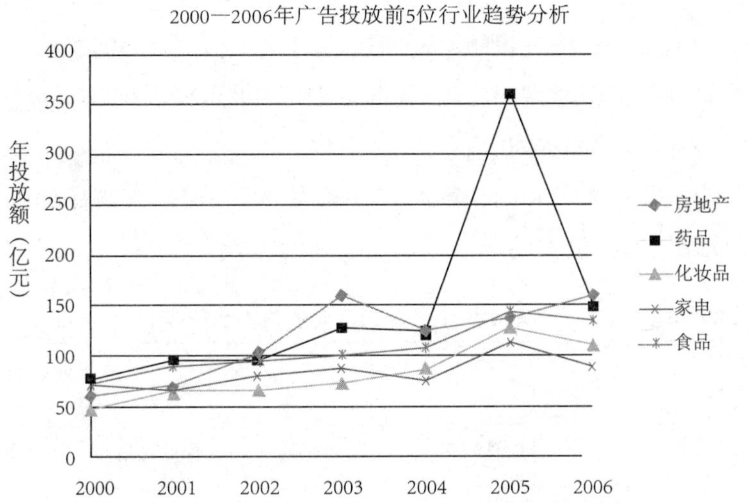

图 3—2　2005—2006 年药品行业广告年投放额明显回落

数据来源：根据《中国广告统计年鉴》(2001—2006 年)数据整理

对管理政策变化同样敏感的重点投放行业还有房地产。2004—2005 年，随着"国八条"的颁布[②]，国家对房地产的宏观调控力度增强，房地产行业 2005 年广告投放额占当年广告总体经营额的比重比 2004 年下降了 0.96 个百分点[③]。

总之，新世纪以来，广告主的行业结构呈现出总体稳定、局部动荡的特征。违法广告和行业广告投放额呈现明显的正相关性，主力投放行业，往往也是监管重地。此外，管理制度和政策在遏制相关行业违法广告的同时，对广告投放量的影响也立竿见影，行业广告投放整体呈现出"管则降、松则升"的特征。

---

① 2006 年药品广告管理力度加大的一个表现，是药品监督管理局提高了药品广告监测工作的资源投入和监测力度。以北京市药品监督管理局为例，为提高监测的及时性和有效性，该单位从 2006 年开始，发布药品广告监测结果的周期由原先的每季度一期改为两个月一期。

② 2005 年 3 月底，国务院出台的《关于切实稳定住房价格的通知》，即"国八条"。要求地方政府及相关部门抑制价格过快上涨，促进房地产市场健康发展，并对此提出了八条意见：一、高度重视稳定住房价格；二、切实负起稳定住房价格的责任；三、大力调整住房供应结构；四、严格控制被动性住房需求；五、正确引导居民合理消费需求；六、全面监测房地产市场运行；七、积极贯彻调控住房供求的各项政策措施；八、认真组织对稳定住房价格工作的督促检查。

③ 根据国家工商总局的统计数据，2004 年，房地产行业广告投放额排名第一，占总额的 9.96%；2005 年排名第三，占总额的 9.00%。

(二)新兴产业力量的崛起

虽然在多年的市场实践中，广告投放重点行业的构成已经趋于稳定。但近年来，随着中国市场经济进程的不断加速，新兴产业力量蓬勃发展，从服务业到信息产业，再到能源产业，新兴产业集群带来了新的广告主需求，也为广告业的发展提供了新的方向和空间。

根据 CTR 发布的 2008 年至 2012 上半年的《中国广告市场回顾》报告，我国广告投放每年增幅最大的 5 个行业如表 3—2 所示。

表 3—2 2008 年至 2012 上半年广告投放增幅最大的前 5 个行业①

年份 \ 增幅	1	2	3	4	5
2008	服务业（53%）	信息产业（41%）	金融保险（30%）	保健食品（28%）	服装服饰（26%）
2009	饮料（52%）	活动类（47%）	酒精类饮品（25%）	家用电器（25%）	农业（25%）
2010	交通（44%）	家居用品（34%）	家用电器（31%）	活动类（23%）	娱乐及休闲（22%）
2011	农业（56.1%）	清洁用品（37.6%）	电脑及办公自动化产品（37.1%）	金融业（36.6%）	房地产/建筑工程行业（24.0%）
2012 年上半年	酒精类饮品（24.8%）	电脑及办公自动化产品（18.3%）	农业（14.4%）	个人用品（12.6%）	邮电通讯（11.9%）

数据来源：CTR《中国广告市场回顾》(2008—2012 年)

可以看出，近 5 年来，在广告投放增长前 5 位的行业中，服务业、活动类、电脑及办公自动化产品、清洁用品、金融保险等行业都属于新兴产业集群范畴。其中，2008 年服务业广告经营额首次超过 100 亿元，达到 107.13 亿元。2009 年开始，随着比赛和文化活动日益重视广告宣传，活动类的广告投放增长了近一半。这一变化与我国文化产业进入快速发展轨道的时间相符，体现了广告生态系统与文化生态系统之间的密切联系。从 2011 年开始，清洁用品和电脑等行业广告日趋活跃，这与居民整体生活质量的提升和信息化生活方式日益深入

① 数据来源：CTR 媒介智讯。每年广告总量为当年绝对值，同比增长按前一年基准计算。

人心密切相关。

除了每年广告投放增幅前5位的行业中不断出现新兴产业之外，近年来在对中央电视台等传统媒体优质资源的角逐中，新兴行业的表现也非常抢眼。2009年的中央电视台招标中，以格力、美的、巨人网络为代表的科技企业异军突起，在此次竞标中总计投入超过3亿元，与以皇明太阳能、四季沐歌为代表的新能源企业共同成为此次招标大会上的新看点。2012年中央电视台招标中，首次参加竞标的公牛电器以1.9亿元获得"新闻联播后标版"资源；贝蒂斯橄榄油则连续3年在中央电视台投入大笔广告费用。科技新能源板块中，电子商务企业京东商城更是以超过2亿元的中标额成为2012年的黑马。同时，金融行业中的中信银行、中国邮储银行、太平洋保险以及电脑行业的神舟、E人E本等广告主的中标额也开始显著增加。

新兴产业在广告领域的突出表现还体现在对国际大型活动的积极参与上。2010年世界杯足球赛上，随着"中国英利"的翻板式广告牌跃然于世界各地观众的电视屏幕之上，这个之前并不知名的中国科技能源企业用2亿元广告费换取了全世界观众的关注。然而数据显示，作为纽交所上市公司的英利，2009年的亏损额却达到4.6亿元人民币。这一处于亏损状态的企业敢于斥亿元巨资成为中国第一家世界杯赞助商，这种行为本身就体现了新兴企业家对广告的信任和期望。事实证明，广告效果没有让英利失望：2010年6月的数据显示，2010年全年全球光伏产业总装机量预计10 GW；同年2月，英利宣布成为世界杯赞助商，6月初在慕尼黑世界新能源博览会上就收到了4 GW的订单①。

对于广告行业来说，新兴产业广告投放量的逐年增长，一方面充分体现了广告在企业家心目中的价值，其中能源业、服务业等朝阳产业中领军企业的广告态度将在很大程度上影响广告业未来的增长空间。另一方面，大量中小广告主开始在广告产业中占据越来越重要的位置，说明广告在企业的发展初期具有重要的战略地位，这使得广告行业研究中主要关注大型企业的惯性思维正在被打破。

---

① 翟敏、李伟铭：中国英利2亿赞助世界杯引来巨额订单，《每日经济新闻》2010年6月3日。

二、广告主广告观念的变化

(一)“央企”广告观念从漠视到倚重

在中国广告生态系统中，广告主阵营中的“央企”是一个相对独特的群体。21世纪之前，占据一定垄断资源的“央企”在广告投放方面表现得较为沉寂。其广告观念从漠视到倚重的变化，主要有三方面原因。其一，“央企”的考核指标主要以“国有资产保值为标准”，不涉及品牌建设的相关内容。其二，新世纪以来的10年，是“央企”利润倍增的时期，以中国石油、中国石化为代表的资源型“央企”，以中国移动、中国电信、中国联通为代表的电信运营商，以及以中国邮储、中国人寿为代表的金融保险“央企”都实现了年盈利额的大幅度增长。丰裕的资金和对企业长远发展战略的规划，使得上述企业普遍开始重视自身的品牌建设工作。例如，2009年中央电视台的招标中，在世界500强企业中占有一席之地的“央企”的广告总额高达90 459万元[①]，为整个广告业带来了巨大的拉动效应。其三，随着市场和竞争环境的变化，“央企”的发展战略经历了从过去完全依靠垄断资源，认为广告可有可无，到近年来越来越注重品牌沟通的深刻转变。例如，2009年运营商重组完成后，电信运营商在渠道领域的寡头垄断被打破，此时品牌发展的决定性因素不再是单纯的渠道优势，而是能提供多少符合消费者需求的服务。这一观念的变化，在新业务的推广中体现得最为明显。尼尔森数据显示，2009年中国移动、中国联通、中国电信3家电信运营商在主流媒体投入的3G相关业务广告支出分别为17亿元、14亿元和10亿元。利用广告与消费者沟通已经成为电信运营商的共识。

从广告业发展的角度来看，“央企”在广告市场上的发力对广告业的拉动效应显而易见。然而，从生态系统平衡的角度来看，这些行业翘楚挟丰厚资金高调入场，将不可避免地引发更为激烈的广告资源争夺战。未来，随着中央电视台等主流媒体优质广告资源的进一步集中，广告投放的“马太效应”将进一步显现出来。由此带来的一个影响就是，众多民营中小企业的广告话语空间将面临被挤占殆尽的危险。在这种压力下，一方面，中小企业对性价比更高的广告媒体的需求将愈

① 数据来源：根据央视广告部发布的2009年央视黄金资源招标结果整理而成。

加迫切，近年来对新媒体平台的积极试水就是这一趋势的集中体现；另一方面，从广告公司和媒体的角度而言，广告的服务范围和产品形态将进一步多元和延伸，设计更多为中小企业量身定做、注重落地和促销效果的广告业务。

(二)政府成为广告主，体现出从“管制”到“运用”的观念转型

30 年来，政府的广告观念主要以监督和管制为主，中国传媒大学广告学院在对《人民日报》1979 年 1 月 1 日至 2007 年 4 月 10 日登载的 1 000 余篇关于“广告”的文章进行分析统计后发现，长期过多地强调局部而忽视整体、注重负面报道而鲜有理性鼓励是这一主流媒体对“广告”的主要报道倾向。[①] 主流媒体的广告态度反映了政府对于广告的理解存在着失真和误读的现象。

2009 年 11 月，由商务部主导制作的“中国制造”海外广告片在美国有线电视新闻网(CNN)的美国频道、美国头条新闻频道和国家亚洲频道播放，次年又在英国广播公司(BBC)的世界新闻频道欧洲地区和亚洲地区、欧洲体育台、欧洲体育 2 台共 4 个频道播出，这标志着政府广告观念的更新和对国家品牌塑造的重视。

政府成为新的广告主，体现了国家层面对于广告地位的正视。在国内市场中，2009 年上半年国家/城市形象广告投放总额实现增长，地方政府广告投放成为金融危机中广告市场的亮点；在国际市场中，广告是国家品牌的集中体现。2010 年国庆前，国务院新闻办公室通过国际主流媒体，面向世界观众发布了片长 30 秒、由 50 多位中国各界名人诠释中国形象的广告。广告开始肩负起传播中国国家形象的战略重任。这既是中国国际化进程赋予广告业的历史使命，也是广告业地位大幅度提升的体现。

三、广告主市场环境的变化

(一)中国企业“大牌化”之路

伴随着中国“大国化”的步伐，中国企业在国际舞台上的角色日显重要，从国际合作层面来看，新的品牌融合模式正在出现。2004 年 1 月，TCL 并购法国

---

① 丁俊杰、黄河：《观察与思考：中国广告观——中国广告产业定位与发展趋势之探讨》，《现代传播(中国传媒大学学报)》2007 年第 4 期，第 78—81 页。

汤姆逊；同年7月底在深圳成立合资公司，从而成为全球最大的彩电生产商。这也是中国企业首次通过并购改变行业的全球格局。此后，联想收购IBM个人电脑业务，获得Think系列品牌，成为全球第三大个人电脑生产厂商，年收入规模约120亿元，跻身世界500强企业之列。吉利收购沃尔沃，获得了后者的核心技术、制造设施以及全球经销渠道。中国企业不再单纯追随和模仿国际巨头，而是开始拥有一定的国际合作主导权。

从品牌传播层面来看，在奥运会、世博会、世界杯等大型国际活动中，中国品牌开始与国际品牌分庭抗礼，共同向全世界传播自己的声音。中国企业在国际营销平台上的话语权提升，对广告提出了新的要求。未来如何满足国际化品牌传播的要求，将成为中国广告业必须正视和有待解决的全新课题。

（二）“大市场”环境

市场是广告业发展的基础，市场环境应当通过几个关键指标来描述。

首先是人口基数。中国是一个13亿人口的大国，消费市场潜力在全球首屈一指。遗憾的是，长期的经济发展滞后使得这种潜力变成了负担。大国化进程的不断深入，在带来经济繁荣的同时，也在逐渐释放由人口基数带来的消费潜力。

其次是可支配收入。1994年，我国城镇人均可支配收入仅为2 337元人民币，到2012年升至24 565元，农村人均纯收入也达到了7 917元。[①] 可支配收入的增加，加上巨大的人口基数，必将释放出不可限量的消费潜力。

最后是核心城市的人均消费额。2011年，我国核心城市人均消费额普遍超过3万元，其中，广州为41 281元、北京为35 184元、上海为29 441元、深圳为33 992元。上述4个城市的常住人口总数达到6 569.02万人。[②] 照此计算，该4城市每年贡献的消费总额将超过9 189亿元。同时，核心城市对周围经济圈的辐射作用也将提升区域的市场价值，长三角、珠三角和环渤海等经济圈中的二、三线城市的消费潜力正在不断释放。

对于企业而言，庞大的人口基数和消费能力，意味着无穷的市场机遇和消费潜力。在这一市场环境下，利用广告与消费者沟通将是广告主把握机遇、挖掘潜力的重要战略手段。

---

① 数据来源：国家统计局统计公报。

② 数据来源：各城市政府2012年统计公报。

第三节　广告公司变化

作为广告代理制的中心环节，广告公司是广告传播活动的枢纽。从职能方面来看，广告公司是实现广告主需求与媒体传播功能有效对接的桥梁。从技术方面来看，广告公司掌握着市场调研、营销策略、媒体排期、效果测试等一系列行业核心技能和系统知识。然而，从当代中国广告业发展历程的角度分析，广告公司在我国现行广告代理制中的中心地位却始终不曾确立。中国传媒大学广告主研究所连续 6 年的广告生态调查结果显示，在企业、媒体和广告公司的三方关系中，无论是市场信心还是产业主导作用，广告公司一直处于广告市场的最底层。在广告行业发展的同时，广告公司的影响力和主导地位却在日益降低。

值得一提的是，作为系统主体中的应变量，广告公司在职能和技术层面的更新，往往能够直接反映广告生态系统其他主体的变化趋势。本节将从以下三个方面来分析广告公司的变化。

一、广告公司的职能分化趋势

(一)“客户服务型”和“资源导向型”的职能分化

从跨国媒介购买公司大举进入中国广告市场开始，对于广告公司职能分化的讨论就从未停息。从经营定位的角度来看，广告公司定位出现了“客户服务型”和“资源导向型”的差别。其中，客户服务型广告公司凭借专业知识，为客户提供智力服务，以广告代理费为收入来源。而资源导向型广告公司则主要依托自身的资本优势，集中掌握媒体资源，形成“以量制价”的竞争优势，以转卖媒体资源为收入来源。后者的好处在于能够迅速扩大广告公司自身的规模，在短时间内实现快速发展，而弊端则在于直接破坏了广告代理制度。日本学者的研究显示，美国广告公司的酬劳结构已经转变为 20%的代理费和 80%的服务费制度。[①] 从 2002 年至今，中国广告行业原本遵从的 15%代理费的比重也在不断萎

① 〔日〕植田正也：《面向 2015 年——广告业界的 45 个新潮流》，节选自《2010 年的广告公司》。

缩。利润空间的压缩，使广告公司被迫尝试“零代理”、“服务费”等新兴赢利模式。然而，从国际发展的经验来看，收取服务费的标准和基准都很难统一，往往存在以硬件为制定标准，难以充分考虑智力服务的价值[①]的问题。因此，服务费在短时间内很难真正替代代理费，难以确保广告公司实现稳定的盈利收入。

(二)咨询公司对广告公司核心业务的替代性竞争

除了资源导向和服务导向的分化外，广告公司的职能分化还表现为与咨询公司的竞争。随着市场环境和企业需求的日益多样化，广告主对于市场研究的专业化分工要求日益细致。由于部分核心业务有所重叠，咨询公司对广告公司职能的替代性竞争便成为业界关注的又一热点。日本学者甚至预测，“咨询公司的新形态应该是这样的：为广告主的新项目寻找最适合的广告公司，代替广告主对广告公司进行判定并给予意见”。[②] 由于“咨询业务越加受到重视，这可能导致广告公司最终将沦为处理具体流程的公司”。[③]

(三)数字内容生产商的广告业务开发

在数字传播技术迅速融入传媒产业的进程中，大量数字内容机构也依托自身资源，开始了对广告业务的延伸和开发，拥有超过 5 亿下载量的《愤怒的小鸟》的开发机构 Rovio 公司对外宣称：“我们每月的广告展示量已经达到 100 亿次。我们已经是这个星球上最大的移动广告发布商。”[④]同时，苹果、安卓等智能手机平台的移动应用市场允许大量应用程序开发者在程序中植入广告。有数据显示，苹果 App Store 已有 77 万多个应用，安卓应用的数量也在 80 万个左右。[⑤] 移动应用数量的激增催生了丰富的移动广告载体。可以预见，未来移动媒体广告领域广告投放的碎片化趋势将越来越明显，对新媒体平台的广告资源整合将成为新的产业机会。从内容生产源头介入，建立一个移动应用开发和广告发布资源联动的整合经营模式将是未来移动媒体广告市场的核心竞争点。

对于传统广告公司而言，数字内容机构衍生出的新兴广告业务已经明显超

① 〔日〕植田正也：《面向 2015 年——广告业界的 45 个新潮流》，节选自《2010 年的广告公司》。

② 〔日〕植田正也：《面向 2015 年——广告业界的 45 个新潮流》，节选自《2010 年的广告公司》。

③ 〔日〕植田正也：《面向 2015 年——广告业界的 45 个新潮流》，节选自《2010 年的广告公司》。

④ 资料来源：新浪科技。“Rovio 自称超越谷歌成全球最大移动广告商”，2011 年 12 月 7 日。

⑤ 数据来源：中国电子商务研究中心。“苹果安卓应用数量分别为 77、80 万左右”，2013 年 2 月 19 日。

出了其自身服务能力和业务范畴，如何积极调整和有效应对，是传统广告公司需要思考的重要课题。

（四）信息技术公司向广告公司转型

传统广告公司的另一个压力来自信息技术公司的转型发展。新媒体环境下，信息技术公司凭借技术优势，不断丰富自身的业务体系，其中，对广告业务的重视和开发成为当前国际领先技术公司的共同战略部署。这种由信息技术公司转型而产生的新兴广告业力量，在核心技术和操作流程方面都与传统广告公司大相径庭。

信息技术公司经营广告业务的核心依托于其自身的技术优势，目前全球最为成功的当属"谷歌（Google）模式"。谷歌的广告公司转型以自身的技术完善和广告平台建构为两条主线。在技术完善方面，2003 年 4 月，谷歌收购 Applied Semantics，获得了企业在线营销管理工具；2003 年 9 月，谷歌收购 Kaltix，获得了个性化搜索算法；2003 年 10 月，谷歌收购 Sprinks，获得了基于网页内容的上下文广告技术；2005 年 3 月，谷歌收购 Urchin Software，获得了网站流量分析工具；2008 年 3 月，谷歌收购网络广告公司 DoubleClick，获得了数据挖掘技术。在平台建设方面，谷歌 2003 年收购全球知名的博客网站 Blogger，开始打造网络社区；2006 年以 16.5 亿美元的价格收购全球最大的视频共享服务网站 YouTube，实现了自身定位的媒体转型。此外，谷歌还通过自主建设社交服务网站 OrKut，加速其网络社区体系布局。总之，"谷歌模式"可以概括为：按需求收购拥有精准营销技术的公司，在完善自身技术体系的同时不断拓展业务范围，实现自身的"媒体升级"，打造全方位的精准营销平台。

新的产业力量的加入，意味着新的竞争和博弈。为了与谷歌抗衡，微软和雅虎于 2009 年签订了为期 10 年的合作协议。根据这一协议，雅虎搜索引擎将采用微软必应（Bing）的技术，而微软将向雅虎支付 88％来自雅虎网站的搜索广告营收。美国广告公司协会基于反垄断和加强竞争的立场，公开表示支持微软和雅虎开展搜索广告合作。[①]

在广告公司之间的竞争中，谷歌、微软等信息技术机构的加入，意味着依托

---

① 资料来源：中国电子商务研究中心。"美广告公司协会支持微软雅虎搜索广告合作"，2009 年 10 月 20 日。

媒体资源，强调策划、创意等广告专业技术的传统广告公司将面临更多来自技术层面的挑战。由于信息技术还处于快速发展期，未来广告公司的专业技术体系调整还将持续一段时间。

(五)广告公司自身职能的裂变加速

数字化的传播环境和碎片化的消费需求正在引起传统广告的产业链格局发生深刻的变革。IBM 商业经济研究所的相关研究显示，广告公司领域将出现全服务媒体代理公司，互动媒体购买、计划与评估机构等新兴产业力量(如图 3—3 所示)。

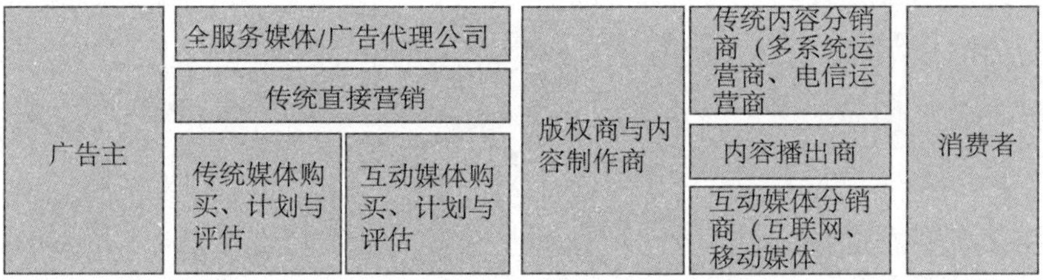

图 3—3　新媒体时代广告产业链主体结构的更新

资料来源：IBM 商业经济研究所

上述新兴机构在职能和结构上都明显区别于传统广告公司，也不同于前文分析的“资源导向型”和“客户服务型”广告公司，具有明显的技术特征。互动新媒体和传统媒体的业务将被切分，传统的提供直接营销和广告代理的公司依然存在，这些新旧机构之间的竞争关系和结果虽然难以预料，但收费模式将更加趋于多样化，这样的演进方向几乎毋庸置疑，而适合所有广告公司的“普适型”赢利模式在短时间内还难以确立。

二、广告公司核心知识体系的调整与重构

(一)广告公司的专业技能短板凸显

如本节开篇时所述，广告公司是广告生态系统中广告专业技能和知识体系最为集中的主体。广告活动之所以有效果，在于对消费者需求的准确把握。在

上世纪八九十年代的市场环境下，广告公司可以通过收集和分析消费者数据等定量分析方法而准确地把握市场，建立科学的信息系统，从而以较低的成本对当时的消费市场进行科学调查，且由于成本低、效果准，因而非常容易实现异地异业的复制和重复使用。然而，传统社会分层结构的变化和消费者需求从基本统一向碎片化的快速裂变，直接导致了传统数据采集方法的有效性降低。基于定量的分析方法越来越难以准确地描述市场需求，进而导致广告公司由于专业技能过时而难以准确地把握消费需求。

(二)基于“大数据”技术的营销体系重构

传统广告信息系统所依托的数据库，主要以抽样调查的样本库为主。这种方法适用于社会流动性不强、受众的媒体使用行为较为简单的环境，已经不能适应当前社会板块破碎、受众行为分化的现状。互联网等新媒体的出现，为海量样本、海量信息的监测提供了可能的平台。

近年来，基于网络平台进行海量样本、海量资讯的管理，可以被视为广告业构建新营销体系的一种尝试。这种方式的核心在于以家庭信息平台、个人信息平台和城市信息平台为基础重新建构服务终端，建立“三位一体”的海量数据库，全方位地管理、描述消费群体，进而利用数字传播技术追踪和锁定消费需求，开展数据库营销。

随着媒体技术的发展，目前互联网、手机、数字电视的海量数据库已经初步建立。对于广告代理业而言，未来广告公司如何接入、打通、利用这些数据库，并针对营销需求建立属于自己的消费者数据库，将成为重新构建广告公司知识体系的核心。

三、本土广告公司的发展空间

在当代广告业的国际化进程中，针对外资广告公司与本土广告公司竞争的研究从未停息过。观点分为两派：一派对外资广告公司凭借雄厚资本在中国市场上攻城略地、蚕食本土广告公司生存空间的问题深表担忧；另一派则主张把握机遇，“以洋为师”，期待通过全面学习国际公司的技术和经验而推动本土广告公司的全面更新。

然而，实践证明，上述两种观点的预期均未完全实现。一方面，国际广告公司并未在中国市场一统江湖，本土广告公司依然拥有相对安全、稳定的发展空间。国际广告公司迅速本土化，为适应中国市场进行了一系列兼并、收购活动，客观上改变了国内广告公司高度分散、良莠不齐的局面。另一方面，国际公司并未带来本土广告公司从技术到人才的全面更新。面对中国复杂多元的消费市场、快速变化的媒体环境、变幻莫测的管理政策，当今国际广告公司与本土广告公司的关系越来越强调优势互补、均衡合作。

由于本土广告公司的作用逐渐得到市场认可，新世纪以来，国际广告公司开始了以收购为主要举措的中国市场新探索。2002 年 10 月，总部位于英国的全球第二大广告传播集团 WPP 并购了广东一家本土公关公司——博雅公关。此后，跨国传媒集团并购中国广告公司的大戏愈演愈烈。2006 年 11 月，阳狮集团旗下的全新战略业务单位博睿斥资 3 450 万元收购了四川非凡文化广告传播有限公司全部户外高速公路的广告经营权；2007 年年初，达彼思收购成都阿佩克斯，使阿佩克斯达彼思成为西部发展基地；2007 年 4 月，李奥贝纳(阳狮集团)收购永阳集团多数股份，借势进入中国内陆地区提供全面的营销服务。

对于国际广告公司而言，与本土广告公司合作、建立战略联盟的好处主要有两点：首先，能够与合作伙伴互换当地的市场信息，在与媒体供应商议价时得到第一手资料，从而更好地服务客户。其次，可以同当地的合作伙伴共同培植客户的媒体投放习惯，增大市场容量。而对于本土广告公司而言，与国际广告公司联姻则有助于吸纳优势资源，加速自身发展的国际化进程。

总之，本土广告公司与国际广告公司之间，从实力悬殊的彼此竞争到各擅胜场的相互合作，充分体现了本土广告公司不断走向国际，国际广告公司逐渐深入本土的发展趋势。

第四节　媒体变化

数字技术向传媒产业的全面融入引发了一系列的环境变迁，其直接表现就是新媒体形态的日趋丰富。数据显示，2012 年，中国网民规模达到 5.13 亿，全年新增 5 580 万；互联网普及率较 2011 年底提升 4 个百分点，达到 38.3%；手机网民规模达到3.56亿，同比增长17.5%；全国有线广播电视用户达到20 152万，首次突破2亿户，增幅6.79%；数字电视用户达到11 455万，首次突破1亿户，增幅29.15%。数字媒体受众规模的增长，标志着新媒体市场的形成，传统媒体与新媒体共同切分传媒产业的新兴生态环境已经成为时代的主流。我们可以从以下三个方面来直观解读当前媒体的变化。

一、媒体变化的三个趋势

(一)新媒体业务体系逐渐丰富

在数字技术的驱动下，出现了大量具有媒体特性的信息载具，如手机、互联网和移动电视。这些媒体形态是新媒体的重要组成部分，其核心动力是数字传播技术在实践中的应用。

随着数字传播技术的成熟和应用，越来越多本身不具有媒体特性的行业开启了自身的媒体化进程，其中，移动通信的媒体化和互联网的普及化为新媒体形态的丰富提供了重要的技术支持。围绕移动通信网和互联网，衍生出了两类主要的媒体应用。第一类是传统媒体业务在新媒体平台上的延伸，如手机报、移动电视等，此类业务发展较快，已经形成了可观的市场规模。据统计，2011年第二季度，中国手机阅读市场活跃用户数达2.69亿，同比2010年二季度增幅达31.96%。同时，根据2013年1月CNNIC发布的互联网分析报告：截至2012年年底，我国手机网络视频网民用户规模达1.3亿，占手机网民的比例达32.0%，相比2011年增长了9.5%。在互联网领域，各业务市场份额也日益扩大，2012年第三季度中国网络视频广告收入为26.4亿元，同比增长77.9%，环比增长37.5%。[①] 2012年，中国网络游戏国内用户付费市场规模达518亿元[②]，而网络购物市场交易规模则由2009年的2 483.5亿元[③]增长到2 683.7亿元[④]。

除了将传统媒体的各种功能延伸到不同的终端之上，新媒体应用还开拓了很多新的业务领域，如二维码应用、手机支付、数字电视在线信息查询等。这些

---

① 数据来源：iResearch。2012—2013年中国网络视频行业发展报告，2013年2月。

② 数据来源：新浪游戏。“2012年中国网络游戏付费市场规模达518亿元”，2013年1月25日。

③ 数据来源：iResearch。2009—2010年中国网络购物行业发展报告，2010年1月。

④ 数据来源：iResearch。2012年第二季度中国网络购物市场数据，2012年8月。

业务类型不断出现,快速发育,在市场检验中优胜劣汰。新业务市场的开拓和传统业务的拓展,形成了新的媒体业务格局。

新媒体业务体系拓展的最直接表现,就是受众的定位正在经历从"观众"到"用户"的转变①。借助媒体,我们已经能够实现越来越多的功能和需求,受众对媒体的需求和期望也在不断升高,直接参与媒体传播的程度也日益加深。由新媒体业务带来的商业价值正在全面凸显,吸引了大量社会资本的关注。

(二)传统媒体数字化转型加速

新媒体业务市场的繁荣对于传统媒体而言,既是生存的挑战,也是革新的动力。一方面,新媒体业务发展在一定程度上分流了传统媒体的受众,打破了传统媒体的垄断性优势。以网络视频为例,带宽的拓展和视频压缩技术的普及促进了网络视频业务的繁荣,大量海外视频内容和优秀影视资源在互联网上实现了轻松复制和无限传播。对电视和电影行业而言,这无疑意味着新的竞争和威胁。从中国大陆当前的情况来看,这种竞争已经升级为战略替代性竞争。即一万多家网络音视频网站依托十几亿美元的风险投资、几十种乃至上百种业务模式和优势技术平台,与电视媒体争夺节目受众,特别是二十几岁的年轻受众。

另一方面,战略替代性竞争格局的出现,加速了传统媒体的数字化转型。以电视媒体为例,广电主管部门力推有线电视数字化转型,发展移动多媒体广播(CMMB),完成高清电视的升级,高调开办网络电视台。这些努力旨在构建"天地一体"的传播体系,打造全新的业务体系,在新媒体平台上延伸中央电视台等主流媒体的影响力,最终在新的媒体环境中形成竞争优势。

在平面媒体领域,世界各地的报业集团、报社都在全力布局新媒体,充分利用报纸的内容优势,将渠道向新兴媒体拓展。2009 年 3 月中旬,美国赫斯特报团旗下已有 146 年历史的《西雅图邮讯报》停止出版纸质版,完全转向网络。同年 4 月,美国百年大报《基督教科学箴言报》正式停止出版纸质版,改为通过互联网发送网络版报纸。

传统媒体数字化进程的加速,推动了数字出版行业的繁荣。据统计,截至

---

① 随着数字电视和手机媒体业务体系的不断丰富,传统上以观看为主要行为的媒体受众,正在向以使用为主要行为特征的媒体用户转型。例如,数字电视的数据信息、在线游戏和 VOD 点播等个性化数据服务的兴起,推动了观众从"看"电视到"用"电视的使用习惯的转变。

2011 年，国内数字出版产业整体收入为 1 377.88 亿元，比 2010 年整体收入增长了 31%。其中互联网期刊收入 9.34 亿元，电子书、E-book 和电子阅读器收入 16.5 亿元，数字报纸（不含手机报）收入 12 亿元，手机出版（含手机彩铃、铃音、手机游戏等）收入 367.34 亿元，网络游戏收入 428.5 亿元，互联网广告收入 512.9 亿元。①

（三）媒体融合进程分层推进

如上文所述，今天我们所见证的媒体新生态环境，是由新兴媒体和传统媒体的数字化共同塑造出来的。其中，各种媒体形态衍生出多元化的媒体应用，在相互竞争和博弈的同时，不同媒体之间的技术界限和功能分野正在逐步弱化，各种媒体形态之间呈现出趋同、融合的发展态势。从近年来传媒集团的发展趋势来看，依托自身资源优势、打造跨媒体传播平台的发展模式屡见不鲜。例如，南方报业传媒集团打造了“十一报、八刊、三个网站、一个出版社”的媒体平台②，从同一个编辑平台生产出的新闻信息可以灵活地选择适合的平台进行发布和传播。

当前，我们可以从三个维度来思考媒体融合的问题。

首先是网络融合。新媒体产业的基础是网络建设，互联网、广电网和移动通讯网是支撑各种新媒体形态的网络基础。随着 2010 年 1 月 13 日国务院常务会议发布“加快推进电信网、广播电视网和互联网‘三网融合’”的决定，制订具体的推进计划，中国的三网融合进入了具体实施阶段。对于当前的传媒产业而言，三网融合是新媒体领域运营主体的共同博弈，将促进新的游戏规则的产生。

其次是业务融合。媒体新生态环境中，随着各种新媒体业务的同质化加剧，替代性竞争已经成为市场的主流。竞争导致的优胜劣汰带来了业务层面的融合发展。现阶段，业务融合的重点领域包括视频、广告和游戏等，整合营销传播、病毒式营销等新兴营销理念与媒体新生态环境的结合，更使得广告业务成为当前各种媒体形态的必争之地。

---

① 数据来源：2011—2012 中国数字出版产业年度报告。

② 刘珊：《由“裂变”向“聚变”的转型——南方报业传媒集团的全媒体发展》，《广告大观》（媒介版）2010 年第 6 期，第 34—37 页。

最后是终端融合。网络和业务层面的融合模糊了不同媒体之间的功能和技术界限，多功能媒体终端的普及已经成为融合的重要体现。以手机为例，除了传统的移动通信功能外，今天的手机还集合了电视、游戏机、广播、电脑等终端的多元功能。在数字电视领域，VOD、财经、游戏和公共信息等增值业务已经将电视塑造成多功能的家庭信息终端。

终端融合是媒体融合的集中体现。未来，平台化的多功能终端将成为主流，由此带来的媒体经营变化和受众使用习惯变化将进一步带来广告传播的变化。

二、媒体新生态的特征及影响

根据前文的论述，在媒体新生态环境中，新媒体业务体系构建、传统媒体转型和新旧媒体融合的总体趋势正在不断演进。在这一变化过程中，如果用一句话来概括当前的媒体生态环境，那就是传统媒体与新媒体共生共存，共同构成了平台化的信息服务渠道系统。其中，以广电媒体和平面媒体为代表的传统媒体具有“大范围覆盖”和“低成本传播”的特征；而由互联网、移动媒体组成的新媒体则更强调“传播范围精准”和“传播成本可控”。这两者形成的“混媒”结构，带来了信息服务的新特点。

（一）传受双方的互动性提升

在传统的媒体环境中，传播者和受众之间的界限非常明确。信息编码的权力至高无上，受众只能作为信息的接收者，在一定程度上选择信息的内容，但很难直接参与内容的编辑和传播。

在媒体新生态中，大量新媒体形态的广泛应用，在很大程度上实现了编码和传播的权力下放。原本集中的编码权力日趋分散，传受关系从单向转变为双向，信息交互成了新媒体的一个重要特点。

美国《连线》杂志曾将新媒体的核心归纳为“所有人向所有人传播”。这一定义形象地概括出了传受双方界限模糊化的现实，即每个传播者都是受众。同时，每个受众也是传播者，信源从单向、集中化向双向、分散化转变。以互联网平台为例，微博、SNS社区、即时通信等业务都为各种信息提供了便捷的分享渠道。

(二)媒体资源的内容产品海量化

大量新媒体形态的出现,带来了内容的海量化,潜在的可供编辑和传播的内容资源呈几何级数增长。以手机报为例,传统报纸的日发行量约为 500 万份,而中国移动 2009 年中期业绩显示,其手机报付费用户规模已达到 4 524 万人,增长率高达 12.4%。[①] 又如,从我国互联网媒体的内容情况来看,截至 2012 年 6 月,中国网站数量为 250 万,半年增长 21 万个,增长率为 9.1%[②],形成了各种各样的互联网应用,如网络音乐、网络新闻、搜索引擎、即时通信、网络游戏、网络视频、博客应用、电子邮件、社交网络、网络文学、论坛及 BBS、网络购物、网上银行、网上支付、网络炒股、旅行预订等。

海量化的内容吸引了海量化的受众。例如,移动媒体概念出现前,手机作为单纯的通讯工具,已经聚集了大量的用户。随着移动应用业务体系的丰富,手机的媒体化进程带动了受众规模的增长,超过 7 亿的手机用户变成了媒体受众,媒体的消费单元发生了从家庭到个人的裂变,由此产生的消费市场增量为处于新生态环境下的媒体提供了新的市场拓展空间。

(三)信息服务的平台化

传统传媒产业中,我们习惯从技术角度进行媒体分类,如电波媒体、印刷媒体等,这种分类方式反映了对媒体所占有资源的强调,如电波媒体的核心资源是频道和频率,印刷媒体的核心资源为版面和位置。新媒体形态的出现,导致传播渠道过剩,传统的以媒体资源为导向的分类方式正在进行调整。光纤技术的应用、不断增加的带宽导致传统频率、频道等传媒资源贬值,平台的概念应运而生,媒体的分类方式也从以资源为标准转向以目标受众为标准。

未来的媒体新生态环境中,围绕所服务的目标受众将形成三个核心的媒体平台:以手机、移动电脑和 MP4 等终端为代表,向个体受者直接传播信息流的个人信息平台;以电视、家庭电脑为载体,向家庭传播信息流的家庭信息平台;以办公电脑、楼宇电视和户外信息屏幕等终端为载体,发挥信息流与区域受众群体之间有效沟通功能的社区信息平台。

---

① 数据来源:中国移动 2009 年中期业绩报告。

② 数据来源:中国互联网信息中心(CNNIC)第 30 次中国互联网络发展状况统计报告,2012 年 7 月。

围绕上述三个信息平台，所有的媒体资源将被打散并重新组合。未来几年内，随着传媒产业数字化进程的发展，这种媒体资源平台化的趋势将越来越明显。

(四)媒体价值从强调传播力转向注重影响力

在传统媒体时代，媒体价值主要通过覆盖率、到达率、传阅率等能够体现传播能力的指标来衡量。以中国发行量最大的报纸《参考消息》为例：2012 年单期报纸发行量为 340 万份，传阅率为平均 3.8 人，用户规模为 1 292 万人。[①] 达到千万级用户规模后，平面媒体用户便难以继续保持增长。

在"立体化"传播环境中，多元形态的新媒体的崛起带来了媒体内容承载边界的无限拓展。例如，2008 年的数据显示，谷歌每天处理的搜索条数超过 10 亿，数据量达到 20 000 TB[②]，相当于一张日报 100 万年的信息量。国内门户网站中，新浪、搜狐的日均点击量也均突破了 2 亿大关。较之平面媒体，新媒体的用户规模呈现戏剧化的大幅度攀升。

当信息和受众数量不再是信息传播中的决定性竞争优势时，媒体的竞争必然要经历从规模到质量的跳跃式转型。就内容层面来说，媒体有多少内容不是最重要的，关键是有多少具有影响力的高质量内容。从受众层面来说，媒体能到达的受众规模不是重点，核心是能否实现潜在目标用户的精准覆盖。换言之，未来有价值的媒体，不但要能够聚合受众的"注意力"，更要拥有面向目标受众的"影响力"。

第五节　受众变化

一、主动的受众

在传统媒体环境中，受众以被动接收广告信息为主，主要有三个特征。首先，受众不参与广告信息的编码和传播两个环节；其次，在有限的媒体空间中，

---

① 数据来源：北京旗下广告有限公司。

② 数据来源：和讯网。"Google 每天处理约 20 000TB 的数据"，2008 年 11 月 24 日。

受众很难回避广告信息；最后，受众主动寻找所需广告信息的渠道有限，便利度较低。

在媒体新生态环境中，原本处于解码端的受众在广告传播活动中的作用明显加强，体现在三个方面。

其一，受众开始直接参与广告信息的编码和传播。基于海量用户数据库，借助互联网和手机应用业务的病毒式营销、口碑营销等营销方式的出现，开启了网络时代的营销新篇章。

其二，受众对广告信息的主动选择加强。随着信息来源渠道的增多，受众可以从多种渠道获取自己感兴趣的内容和服务。以传统电视剧插播广告为例，很多时候，观众之所以收看广告信息，原因是害怕错过线性播出的电视节目。而随着网络视频、VOD 点播等新媒体业务的发展，在线影视资源不断丰富，便捷的点播操作就可以满足受众的观看需求。受众的媒体使用习惯发生了变化，主动选择广告和回避广告的能力不断提高。

其三，受众的主动搜索能力加强。日本电通提出的 AIDMA① 法则在网络时代演变为 AISAS② 法则，“搜索”、“行动”和“分享”已经成为消费者行为的主要环节。受众能够按照消费需求，主动搜索广告信息，同时利用多媒体积极分享自己的使用体验。

二、透明的受众

在受众的主动性不断提升的同时，数字技术对受众媒体使用行为的监测和基于同源样本的统计分析能力也不断趋于成熟。在智能手机、数字高清机顶盒、红外射频识别等媒体智能技术的覆盖下，受众在信息生活空间内接触高智能媒体的频率和黏性越来越高，受众的媒体使用痕迹已经能够被全天候地完整记录，时刻有据可循。

---

① AIDMA 法则由美国广告学家 E. S. 刘易斯在 1898 年提出。该理论认为，消费者从接触信息到最后达成购买，会经历 5 个阶段：Attention（引起注意）、Interest（激发兴趣）、Desire（唤起欲望）、Memory（留下记忆）、Action（购买行动）。

② AISAS 法则是由电通公司针对互联网与无线应用时代消费者生活形态的变化而提出的一种全新的消费者行为分析模型，即 Attention（注意）、Interest（兴趣）、Search（搜索）、Action（行动）、Share（分享），指出在互联网时代搜索（Search）和分享（Share）的重要性，充分体现了互联网对人们生活方式和消费行为的影响与改变。

可寻址媒体和数据实时回传技术的成熟，为平台化信息服务模式下搭建能容纳海量样本、实现动态更新的跨媒体数据库创造了可能。基于海量数据库的用户行为分析等手段可以清晰地勾勒出受众的媒体使用习惯，广告发布者可以针对用户媒体使用行为特征分类，分析其消费偏好，发布定向营销信息。同时，随着可寻址媒体技术的应用，通过 IP 地址、手机号码和网站注册信息等渠道，广告发布者可以对具体的个体与使用行为进行准确的定位。在这种情况下，广告信息的受众画像变得越来越清晰，越来越易于追踪和掌握。这就是受众“透明化”的内涵。

基于跨媒体数据库的海量样本动态分析，是广告新生态系统推动下广告专业技术和核心知识系统的演进方向，也是精准广告的实现基础。一旦具备大规模推广的条件，便会带来广告从产品设计到销售模式的全面更新。

受众研究是传媒产业的重点研究领域，传统媒体的收视率、广告的到达率等指标，都是通过有限的样本量来推演整个市场的情况，难以实现高度精确的用户行为分析。而新媒体平台的受众研究是基于海量样本、实时动态更新，利用用户黏性特征进行的可持续分析，能够有效地提升广告监测效果。

当前，随着“受众透明化”概念实践的深入，出现了三大类基于不同媒体平台的新兴营销方式。

其一是基于互联网平台的各种新型营销模式。从最初的竞价排名到当前的社区营销，百度、谷歌、雅虎以及微软等机构在这一领域进行了一系列探索，推动了互联网精准营销模式的持续更新。概括而言，互联网营销的趋势就是依托新兴技术，以业务拓展为基础，最大限度地提高用户黏性，进行连贯分析，不断提升用户定向的精准度。

其二是手机媒体的数据库营销。手机媒体具有注册信息可查、监测信息连贯、用户黏性高等特点。因此，手机媒体数据库营销就是通过统计手机用户基本信息，对用户特征与媒体使用特征进行交互和连贯分析，建立相关数据库，从而勾勒出用户的消费偏好，精准地投放广告，实现精准营销。

其三是数字电视平台的信息服务。家庭是社会的基本单位之一，也是广告主最需要了解的单元。伴随着数字电视整体转换进程的不断推进，以家庭为单位的营销网络加速布局，逐渐成形，传统电视开始向家庭信息平台转变。基于数字电视平台，以用户数据库为基础，为家庭用户提供各种综合信息服务的传播方式应运而生。其内容既包括传统的视音频节目，也包括基于针对用户数据库分析而衍生的各类信息增值服务。其中，营销信息服务将成为未来数字电视精准营销的主要模式。按照广电总局的统一规划，未来每个城市都将陆续拥有自己的城市级数字电视平台，这无疑将为精准营销提供新的广告传输渠道。

三、分化和重聚

(一)对于分化的研究和关注

中国传媒大学广告学院 IMI 市场信息研究所连续 10 年的调查结果显示，随着消费市场的快速发展，中国城市居民消费行为日新月异：首先，可支配收入的大幅度增长，整体消费水平的提升，消费范围的扩大，最终导致了消费结构的全面优化升级；其次，居民消费观念逐渐由他人取向的大众化消费转变为自我取向的个性化消费，消费行为的趋同性越来越不明显；最后，生活方式的多样化对消费行为的影响越来越显著。[①]

(二)新媒体层面的受众重聚

然而，在关注消费分化趋势的同时，我们应该看到，市场需求是一个辩证统一的整体，“分化”的同时，“重聚”也在进行。分化后形成的某一特定群体本身就是拥有某种特征的消费者聚合体，具有较强的内部同质性。

新媒体环境中各种媒体应用的出现，为受众的重新聚合创造了条件。一方面，个人、家庭和社区这三个信息平台的出现形成了鲜明的受众特征，实质上为移动人群、家庭群体和社区群体的广告信息传播搭建了新的平台。另一方面，在媒体新生态环境中，数据库和媒体传播技术已经成为广告信息流与目标受众进行个体化沟通的有效渠道，针对碎片化消费市场的精准传播将会成为新的广告传播价值所在。例如，微博、SNS 等网络产品的出现，使得碎片化的受众个体成为独立的信源，网络中大量的沉默用户变得活跃起来，以个体为单位的信息互动逐渐增加。在这种情况下，拥有微博又具有相似爱好的受众就可以通过信息沟通形成一个新的群体。与传统受众群体构成不同的是，微博、微信是这一

---

① 转引自丁俊杰、王昕：《媒体新生态环境中的广告传播思想展望》，《新闻前哨》2011 年第 1 期。

群体的主要联系纽带。通过这一纽带，广告主可以把握变幻莫测的消费者行为，实现与目标消费者的个体化沟通。

(三)受众需求从“碎片”向“聚合”的转变

“碎片化”源于由收入分层、消费行为特征和媒体接触习惯差异等因素而导致的受众信息需求“分化”。“分”与“聚”是一对辩证统一的矛盾，在既往研究中，学者对于“分化”和“碎片”的关注较多，而在“立体化”传播环境下，我们更应关注受众需求碎片化中呈现出的聚合特征。

其一，碎片化中始终存在一定的共性需求。无论受众信息需求如何趋于个性化，他们对于基本生活信息、重大新闻时事和日常消费资讯的共性需求始终存在。例如，公众对“天气预报”的持续关注热情从来没有因为信息“爆炸”而受到影响。又如，面对重大社会事件，公众呈现出高度集中的信息共性需求，对公信力较强的主流媒体资讯尤其敏感。以 2011 年发生的谣“盐”事件为例。2011 年 3 月 11 日，日本地震引发核泄漏。短短 5 日后，我国东南沿海便出现了海水污染影响食盐的谣言，这些谣言通过手机、网络等现代传播工具急速扩散，在一天的时间演变为全国范围内的“抢盐”风潮。面对这一紧急形势，中央电视台从 18 日下午开始，在《新闻直播间》《新闻联播》《新闻 1+1》等多档节目中发布了国家权威部门的辟谣声明，获得了社会的高度关注和积极反馈，仅用一天时间就稳定了原本混乱的市场，很多城市甚至出现了集中“退盐”的风潮。

其二，相似的个性化需求迅速聚合，形成新的受众群体。以网络视频为例，根据美国调查研究公司 ABI Research 的数据，2012 年全球视频浏览观众逼近 10 亿大关。然而，YouTube 的官网统计数据显示，无论什么时段，YouTube 网站上受欢迎的视频都有成千上万的用户在同时观看。这说明，无论内容量多么庞大，真正受用户欢迎的内容往往相对集中。在这种情况下，面对受众规模的激增，未来面向大量并发用户的同一内容的重复传输将对网络带宽的承载能力提出越来越严峻的考验。

第六节 广告生态系统变迁的主要特征

本章前几节详细分析和梳理了当前广告生态系统主体的变迁。在广告生态系统中，各部分主体的变化不是孤立存在的，而是始终彼此深刻影响和互动的。由于系统主体的功能和地位存在差异，因而其发展变化对整个生态系统的影响程度也各不相同。例如，虽然广告主是整个广告活动需求的发端，但是在当前系统内部各主体中，数字媒体技术革命带来的媒体生态环境更新，才是驱动整个广告生态系统变迁的关键变量。

媒体是广告的传播工具，决定了广告主营销需求的实现、广告公司专业技能的发挥以及受众参与广告活动的方式。媒体的变迁，带来的是广告生态系统整体特征的变化。因此，本节将在前文分析的基础上，思考和归纳当前广告生态系统变迁所呈现出的主要特征。

一、广告时长趋于无限

广告时长的变化取决于广告媒体资源总量的多少。传统媒体时代，广电媒体的频道、频率，印刷媒体的版面等媒体资源有限，决定了广告的时段、位置、长度等因素差异，进而导致了广告产品价值的不同。

从广告管理的角度而言，传统媒体环境下，媒体资源有限，大量的资源需要提供给新闻、栏目和剧集等内容，留给广告的资源非常稀缺，媒体的广告管理，核心就是针对这些用于广告发布的媒体资源进行管理。这一特点，在本书第二章对平面广告和电波广告的管理分析中可以非常直观地看出。

媒体技术变革带给广告的核心影响，在于将原本有限的媒体资源拓展至接近无限，传统媒体的频率、频道资源开始贬值，媒体之间的产业壁垒被打破，融合的进程加速，取而代之的是以无限内容和无限传输满足无限需求的平台化信息服务模式。我们可以通过对比传统广电媒体与网络视频媒体之间的广告时长差异来直观地感知这一变化。

2011 年，中央电视台广告经营管理中心近 5 年的数据显示（参见图 3－4），中央电视台全年广告总时长为 8 999 小时，较 2007 年减少了 1 984 小时。同时，AC 尼尔森发布的广播广告监测数据显示，2011 年一季度，监测范围内的广播广告总时长为 12 070 小时，比 2010 年四季度减少了 1 107 小时。2012 年，CTR 媒介智讯发布的数据显示，从电视广告资源量来看，各级频道均有不同程度的缩减：中央级频道减少 8.9%；省级卫视减少 2.1%；省级地面频道大幅减少，达到11%。传统媒体由于资源限制和主管部门的管理日益趋紧，这几年的广告时长总体呈现下降趋势。

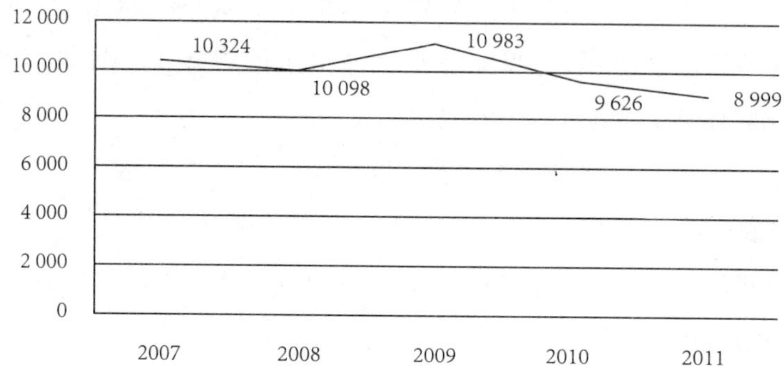

图3—4　2007—2011年中央电视台年度广告时长变化趋势(单位:小时)

数据来源:中央电视台广告经营管理中心

反观网络视频媒体的广告时长，根据美国互联网流量监测机构comScore发布的数据，国际知名视频网站HuLu仅2011年4月的广告播放时间便达到4.7亿分钟，相当于780万天或21 461年。另据美国科技博客网站TechCrunch的报道，2010年10月，各广告主在YouTube上投放的推广视频观看量已达5亿次。按每条3分钟计算，看完所有视频需花费2 853年。

更重要的是，从传统媒体向新兴媒体的变革不但推动了广告时长的几何级数增长，还体现了广告产品形态的拓展。以视频网站为例，同一个剧集如果拿到电视上播放可以搭载的广告形式只有广告短片、片尾贴片广告和植入广告三种，而在视频网站中播放，则可以根据需要开发出视频贴片、浮层广告、压标广告、播放器广告、视频种子等多种广告产品形态。

对于单个节目而言，新媒体和传统媒体广告时长的变化更为惊人。以2012年3月18日江苏卫视的《非诚勿扰》节目为例，单次首播之后，节目视频在爱奇艺网和土豆网上的点播次数就分别达到了2 061 184次和521 747次。而据我们统计，本期节目总共有4个插播段，每个插播段有14个15秒的广告，广告发布资源共计14分钟。而其在爱奇艺网站上每播放一次，贴片广告时间为35秒，广告总播出量即可达到1 202 357分钟；在土豆网每播放一次，贴片广告时间为30秒，广告总播出量可达到260 874分钟。对于广告管理而言，广告的播放率与出现违法广告的可能性成正比，增加一次广告播放，就意味着增加一分监管难度。

综上，我们可以看出，随着广告时长的大幅度增加，广告管理要面对的首要问题，是如何将针对传统媒体的有限广告资源和内容的管理方式，更新为面向新媒体海量广告资源和内容的管理方式。只有实现了这一功能的升级和转型，才能应对新媒体广告海量化带来的各种管理挑战。

二、广告策略多元变化

(一)媒体选择标准从单一到多元

广告活动的信源是广告主，在传统媒体环境中，广告主选择媒体的主要依据是媒体覆盖范围的广度。在电视媒体领域，中央电视台和省级卫视占领了大部分的市场份额，信号的落地范围与广告价值成正比。而新媒体环境下，数字技术轻易地突破了媒体覆盖范围的瓶颈，互联网、手机在瞬息之间就可以实现与千里之外任一信息点的沟通，单纯强调信息传播的广度已经不足以吸引广告主了。

在传播广度关注度降低的同时，广告主对广告传播精准度的关注度大大提升，纷纷将注意力转移至寻找那些对目标市场更有作用力的媒介。这种变迁的结果就是广告主的媒体选择标准不断趋于理性、多元。例如，根据中国传媒大学广告主研究所 2009 年至 2011 年度的访谈数据，与 2006 年相比，受访广告主在新型户外媒体、直邮和中央级电视媒体上的广告投放增幅最大，而互联网媒体的投放量持续走高，进入稳定发展期。广告主越来越注重对媒体与其目标消费者的关联性进行多指标分析，在综合考虑媒体的定位、受众结构、知名度、权威性、美誉度等指标的基础上再作出理性选择。多种媒体分流了企业广告投放的时间和预算，跨媒体的广告投放成为广告主投放的主要特点。

从深层次上分析，广告主的多媒体投放趋势也体现出媒体选择标准的多元化。中国传媒大学广告主研究所的调研结果显示：2011 年，被访广告主表示，在其选择广告投放媒体的主要依据中，媒体目标受众与企业目标消费者吻合度的首选率高达 69.9%，超过了媒体覆盖范围的 56.%和媒体性价比的 52.8%。媒体策略的变化，说明广告主由关注媒体视听率、空间覆盖范围转向了注重媒介定位、知名度、权威性等多方面指标，从而在很大程度上带来了媒体价值判断标准的调整和重塑。

(二)广告主广告策略变化

经历了2008年全球金融危机之后，广告主的广告战略开始逐步趋于理性和务实，主要体现在两个方面。

其一，主力投放行业的传统媒体广告预算削减。通过整理中央电视台招标活动中近5年来的中标行业数据可以发现，5年间，除酒类广告投放逐渐走高之外，日化、服装等原主力投放行业的广告投放量呈现出显著的下降趋势。此外，全球最大的广告客户宝洁公司也表示：每年100亿美元的广告预算已经严重影响到了公司的利润率。宝洁首席执行官麦睿博(Robert MCDonald)更直言道："宝洁无法永远增加广告预算，因为与传统媒体相比，Facebook与谷歌效率更高。"[①]可以看出，新媒体对传统媒体广告的分流作用是造成电波媒体广告投放总量下降的重要原因。

其二，追求低成本、大效果的广告新模式。2011年8月，小米手机利用总裁的个人微博、新闻发布会、自有论坛等方式进行饥渴营销和口碑传播，获得了巨大的免费曝光率和知名度。随着广告主日益走向理性，基于社会化媒体平台、既节约成本又具有良好效果的"病毒式营销"模式日益受到企业的重视，包括宝洁在内的行业巨头也纷纷开始试水。

从广告管理角度而言，广告主广告战略的变化带来的直接问题就是原本以相关管理机构和媒体为主体的广告审查制度和广告管理方法失效。广告主可以不经过广告公司的策划和代理，不经过传统媒体的内容审核，直接利用微博、SNS等社会化媒体平台进行几乎零成本的广告活动。近两年出现的凡客诚品、小米手机等成功的病毒式营销案例，已经迫使管理层面不得不进行思考。面对短时间内聚集起来的受众注意力资源和具有广泛社会影响的营销话题，广告管理部门需要更多的管理智慧和更符合时代要求的管理技术，才能真正适应和应对。

三、广告传播链条更新

在传统的广告信息传播链条中，广告主和广告公司担任着广告信息编码的

---

① 资料来源：腾讯科技。"宝洁将裁1 600人，称Facebook谷歌等广告更高效"，2012年1月31日。

任务，广告媒体是广告信息的传播者，有清晰明确的分工结构，这无疑有利于对问题广告寻根溯源并锁定违法环节。同时，如前文所述，一些学者在广告生态系统的相关研究中并没有将受众定位为系统主体，而是将其单纯作为信息的被动接收者，较少关注其在传播过程中发挥的作用。

通过本章对受众的分析，我们可以看到，新的媒体生态环境下，受众信息处理能力的大幅度提升和主动选择能力的加强，已经改变了受众被动接收信息的定位，同时，传播权力从媒体向受众的下放和转移，也让受众有条件直接参与广告信息活动的编码。例如，2010 年 7 月 6 日晚上 10:01，凡客诚品的官方微博开始了一个小小的互动营销，仅仅一天，新浪微博上就有近 3 万条相关话题。对于一次成功的病毒式营销案例而言，受众的每一次评论和转发，都是对广告信息的一次编码和传播。凭借着与受众的直接互动，凡客诚品以零成本的广告投入，在短时间内实现了面向大规模受众的品牌宣传和文化输出。《数字商业时代》杂志的评论指出："凡客诚品张扬自己的品牌个性，并且将这种品牌个性根植于每一个接触过'凡客体'的消费者心中。"而企业自己发布的数据显示：凡客诚品自成立以来，累计销售服装超 1 亿件，其中 2011 年卖出 7 000 多万件。2011 年的整体收入同比涨幅超过 150%，单日订单最高超过了 50 万单，定金收入超出 7 000 万元，明星产品 VT 年销量超 1 000 万件，帆布鞋年销量 500 万双，实际购买用户超 1 500 万人，用户的二次购买率高达 80%。①

虽然受众在广告传播中的作用如此重要——新媒体技术的革新，不但赋予了其选择、回避广告信息的能力，还赋予了其参与广告信息编码和传播的可能，且这一趋势还将随着社会化媒体平台的功能演进而进一步凸显；然而，与此相对的是，我国目前的广告管理中，只是单纯地将受众归为广告管理的社会监督力量，并没有出台面向受众的管理流程或制度，这一明显脱离时代发展的落后管理观念亟待调整和改进。

四、广告传播系统统合

在传统媒体环境中，广告的传播系统非常简单，可以概括为"高传播效率+

① 资料来源：和讯科技。"凡客诚品称 4 年累计卖出 1 亿件服装"，2012 年 3 月 22 日。

低传播成本”。即主要关注媒体的传播广度，采取一次投放在一段时间内持续传播的方式，针对这种环境的广告管理也具有模式简单、目标集中的特点，管理客体和需要解决的管理问题都较为明确。

新的广告生态系统中，数字传播技术赋予了传播者精准控制信息流向的能力，广告主可以更为便捷地实现与个体、家庭、社区等不同受众群体的信息沟通。因此，广告的传播能力得到了提升，广告主可以根据自身的需要，选择传播渠道，从而达到营销目的。从这一层面上来看，广告的传播成本将趋于可控，单条广告传播的范围将逐渐缩小。

因此，未来的广告活动将面临一个混合的传播体系。在这一体系中，我们既不能忽略传统媒体的存在和优势，也不能忽视新媒体带来的新的信息处理方式。传统大面积铺开的传播方式还会继续存在，而基于新媒体平台的各种探索则为广告增加了很多补充性传播方式，广告传播将日趋“立体化”。

这一变化，对于广告主和广告公司而言，主要体现为对媒体工具的理解能力和选择标准的更新。只有找到能有效地统合多元化传播系统的方法，才能有效地运用传播工具来完成广告传播任务。从目前的分析来看，媒体资源的统合标准是以受众为核心，使各种广告信息来源最终发生在目标受众身上，这种统合的结果将集中表现在内容、传输网络和接收终端上。

对于广告管理而言，传播系统的统合意味着传统以媒体为分割界限、相关主管部门各自为政的板块化管理模式将越来越难以满足未来“立体化”广告传播的管理需求。分部门管理的滞后性和行政职能分割的僵化，必然导致管理部门在实际管理中由于协调困难和配合不利而影响最终的管理效果。

因此，从管理思想上看，应积极推动针对单一媒体的分割式管理模式向面向多种传播工具统合的平台化管理模式转变，管理部门应当具备比广告从业人员更为长远的媒体统合战略眼光，并通过具体的管理部门合并和职能调整来确保平台化管理能力的提升。从管理重心上分析，应当将管理重心从查处媒体违法广告行为逐渐转向对受众信息和行为的前置性管理，通过了解受众，更好地实现对广告内容、传播过程和终端接收等层面的全面管理。

五、广告销售模式调整

广告大师大卫·奥格威(David Ogilvy)有一句名言：“我们的目的是销售，

否则便不是做广告。”[①]企业希望通过广告能够在或远或近的未来促进销售，带来效益。因此，广告费用的高低也应当以广告效果为判断标准。然而，在广告实践活动中，对于广告效果的准确评估始终是产业发展的一个难题。正如莱弗汉姆勋爵（Lord Leverhulme）多年前曾提出的一个广告业经典困惑：“我知道我花在广告上的钱有一半是浪费的，麻烦是我不知道是哪一半。”[②]

在广告实践中，广告销售模式经历了三个阶段。

第一阶段是按媒体资源付费。即广告主按广告所占的版面、所耗费的时长支付费用，实质上支付的是媒体资源的使用费。这种付费方式类似于高速公路的路桥费，费用的高低由行程的长短决定。

第二阶段是按潜在注意力资源付费。即广告主按媒体的收视率、发行量、到达率等指标支付广告费用，这些指标在一定程度上描述了媒体拥有的潜在注意力资源，如电视媒体中，中央电视台黄金时间段拥有的潜在注意力资源最多，其广告资源售价也最为高昂。这种付费模式的出现，实质上标志着广告销售模式从以媒体资源为导向向以媒体效应为导向的转变。目前这种模式依然是传统媒体广告销售的主要模式。广告生态系统的变迁将导致广告销售模式的再次调整。

第三阶段的核心是按实际广告效果付费。变迁的动力源于两个方面。

其一是广告主对媒体的衡量标准趋于复杂、多元。如上文所述，广告主已经不以覆盖的广度等单一指标来判断媒体价值，转而从媒体的权威性、受众结构、美誉度等多元化指标来综合评判媒体的广告价值。

其二是广告效果监测水平提高，使发布者得以对广告传播效果进行追踪。以在线产品为例，受众接收广告信息后，其注册量、下载量、付费量等指标都可以被准确记录，从而得到客观准确的广告效果监测报告。在有形商品的销售中，受众在收看广告的同时，广告商会赠送一定金额的优惠券，受众在完成购买行为的同时，商家通过回收的优惠券数量就能判断相应媒体的广告效果，从而完成按实际产生的销售额支付广告费用的过程。可以预见，今后数年间，广告销售模式将逐步向按广告效果付费的方向过渡。广告主根据广告的实际效果，即实际产生的销售额、注册量、下载量等付费的模式将成为主流。

---

① 奥美公司：《奥美的观点 IV》，中国人民大学出版社 2006 年版。

② 〔美〕大卫・奥格威：《一个广告人的自白》，林桦译，中信出版社 2008 年版。

对于广告管理而言，按效果付费的模式存在着一个收费标准化和广告效果测评客观化的问题。即广告实际产生的销售额如何统计？注册量和下载量如何计算？网络水军和“僵尸粉丝”的不正当行为如何处置？这些问题的解决程度，将直接考验广告管理部门对广告生态系统变化的适应能力。

六、广告生态系统主体互动

通过本章对广告生态系统变迁的梳理，我们可以看出，广告生态系统变迁的深层次动因和影响力，是生态系统主体之间互动关系的调整。从不同系统主体的变迁来看，主要有以下几个重点。

首先，从媒体环节来看，传统媒体的简单构成已演进为传统大众媒体和数字新媒体相结合的“混媒”立体化媒体环境。在媒体环境的演变过程中，原本单纯的媒体机构逐渐裂变，产生了多元化新兴媒体机构：多系统运营商、电信运营商、内容播出商以及互动媒体分销商等新兴产业主体开始成为媒体主体的组成部分。

其次，从受众环节来看，新的媒体环境更新着受众的媒体接触习惯，受众的媒体使用行为从传统媒体环境下的被动接触转变为数字新媒体平台上的选择性接触、选择性记忆、主动回避以及主动再次传播。信息内容接触受众的路径和影响受众的方式发生了深刻变化。如何利用新的信息路径实现与潜在消费者的有效沟通，考验着广告主、广告公司等系统主体的智慧和应变能力。

再次，从广告公司环节来看，在媒体类型日益丰富和受众行为不断更新的驱动下，广告公司的专业技术和核心知识体系正在随之调整，其职能和定位也开始分化，出现了很多聚焦新兴业务的广告公司类型。例如，除依托传统媒体资源的资源导向型广告公司、创意制作型广告公司之外，依托数字内容开发广告业务的广告公司、数字新媒体资源导向型广告公司等也开始在广告产业链中占据越来越重要的地位。

最后，从广告主环节来看，广告公司职能的多元化分化，一方面基于“混媒”的媒体环境；另一方面也折射出广告活动中广告主关注环节的逐渐变化。从广告传播流程的演进历程中可以看出，最初，广告主的关注重点是自身产品，即将产品通过媒体工具广而告之；随后，传统媒体的影响力逐步分化，广告主开始关注媒体资源和受众注意力，实质上是对于广告位置和潜在受众规模等指标的强调；最后，在“混媒”环境下，广告主更注重与受众沟通的实际效果，前文所述的“按效果付费”，即是这一转变的具体表现。从系统主体互动的视角来看，广告主关注环节的变化对广告公司提出了新的技术升级要求，进而也深刻影响了广告效果的评价体系和广告销售方式。

综上，传统的广告生态系统主体之间的绑定关系，正在被新兴的互动机制所取代，其中，媒体传播技术更新带来的传播环境变化，是系统主体互动关系更新的主要驱动力。基于数字传播技术构建的新兴媒体平台，使受众的媒体使用行为发生了变化，从而直接影响了广告主选择与之沟通的信息传播路径，进而推动了广告公司专业技术和知识体系的升级。新的互动关系推动了新兴业务的延展，带来了广告生态系统主体各环节的分化和裂变，且这种变化趋势正日益明晰。未来数年间，媒体环节的机构多元化和广告公司环节的职能分化对广告系统主体结构和格局的影响也将日益凸显。

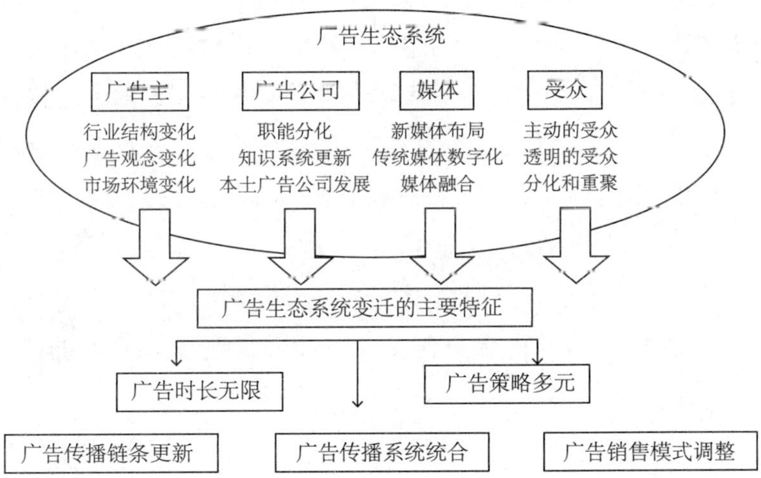

图 3—5 广告生态系统变迁

第四章 广告生态系统变迁中的广告管理主要问题

上一章以媒体技术变革为关键变量，全面梳理了广告生态系统中各环节的变迁，通过分析可以看出，以数字传播技术为核心驱动力的广告生态系统变迁，在调整广告产业链条、更新广告信息传播方式的同时，也深刻地影响着广告的产品形态和广告业务的销售模式。同时，在近年来的广告管理实践活动中，上述变化带来的影响也日渐凸显，出现了管理主体缺位、制度缺失等显性问题。

如果用本书第一章梳理的传统研究视角来审视，这些问题固然可以归咎为制度层面的可执行性较弱，管理主体的越位与缺位并存，以及管理结构的力量失衡等原因。然而，从生态系统的视角来思考，广告是社会大系统的组成部分，广告生态系统变迁与社会宏观系统变化息息相关。因此，思考广告管理问题，也不应仅局限于传统视角，而应当通过宏观和微观相结合的研究方法来寻找问题的根源。

因此，本章将围绕着两个层面展开：一是从宏观层面反思当前广告生态系统变化对现有广告管理理念的影响和冲击；二是结合上文对于广告生态系统主体变迁的主要结论，深入分析当前企业、媒体和受众等领域存在的广告管理显性问题。

第一节 广告生态系统变化对广告管理理念的冲击

一、“大国广告定位”与“小国广告意识”的广告管理理念矛盾

(一)世界第二大经济体中的中国广告

广告是社会宏观生态系统的组成部分，其发展路径也必然根植于社会系统

之中，中国广告现阶段正在经历宏观经济环境的全面升级。一方面，在国际经济体系中，中国已经超越日本，成为世界第二大经济体。根据日本内阁府2011年2月公布的数据，2010年日本名义国内生产总值折合美元5.474万亿美元，比中国同期名义国内生产总值少大约4 000亿美元，自1968年以来首次退居世界第三位。整体经济规模的扩大，提升了中国在国际经济环境中的地位和影响，掀开了中国宏观经济发展的新篇章。另一方面，国内经济环境正处于转型发展的关键时期，国务院总理李克强在2013年人大记者会上指出，“中国的经济到了今天，不转型我们难以为继”，强调“要打造中国经济的升级版”。

中国经济的转型和升级，核心问题在于提升自主创造力和竞争力，最有效的途径是培养和塑造具备全球影响力的公司和品牌。在这种背景下，广告作为提升品牌国际竞争力的利器，将在国家宏观战略中发挥越来越重要的作用。广告生态系统的发展空间和平台也面临了进一步拓展和升级的历史机遇。

(二)世界第二大广告市场中的中国广告

2012年5月27日，国际广告协会主席阿兰·卢瑟福德(Alan Rutherford)在中国广告业发展高峰论坛上宣布，中国广告业以3 125亿元的年经营额(2011年度)成为全球第二大广告市场。广告是市场的镜像，中国广告市场的繁荣，折射出的是全球企业对中国市场份额和支配权日益激烈的争夺。

随着中国广告市场份额的快速增长，中国广告产业和广告生态系统的发展已经不再仅仅关系到中国自身，更与全球经济和社会发展密切相关。作为研究者，我们应当具备更加国际化的视角，用更加先进的理念来思考中国广告的宏观发展方向。

(三)大国广告与广告管理理念的升级

对于中国广告而言，全球第二大经济体、全球第二大广告市场的全新定位，共同塑造了当前大国广告的新兴产业格局。这一变化，对现有广告管理理念提出了严峻考验。

如前文所述，现行的广告管理体系是在上世纪90年代中期中国市场经济建设初期和广告产业尚未成熟的环境下建立起来的，其适应能力表现出较强的阶段性局限。就基本的管理理念而言，现有广告管理理念具有明显的“小国广告"特征,即主要着眼于违法广告处置、广告资源管控和广告内容审查等显性的、具体的问题,缺乏从国际化层面扶持中国广告,一边做好本土市场一边积极走向全球的战略眼光。从这一角度来看,造成这一问题的核心在于广告管理理念的落后和封闭,以及由此导致的管理主体与客体的脱节。换言之,面对管理客体的不断进步,广告管理主体的管理理念也应当根据广告生态系统的发展变化而进行调整。

二、从"借鉴西方经验"向"立足本土特点"转变的广告管理理念调整

中国广告产业的快速发展带动了广告生态系统主体的跨越式成长。以广告公司为例,从上世纪 90 年代开始,在很长时期内,本土广告公司都在"以洋为师",模仿和追随跨国公司的运作模式和营销理念,但近年来,这种中外广告公司的绑定关系正在发生变化,具体表现为:本土广告公司凭借自己在区域市场中的优势,不断提高自身专业化程度,逐渐扭转了与外资广告公司的竞争劣势,从而推动了国际广告公司与本土广告公司的关系从竞争走向联合。

本书第一章文献梳理中曾经论述过,在对广告管理的研究中,很多学者就中外广告管理体制的特点和优劣进行过深入对比,主张中国广告管理应当充分借鉴西方管理经验,进行重大调整。例如,周茂君就明确提出了广告管理主体应当实现从政府主导向行业主导转型①的观点,很大程度就来源于对美国等西方发达国家广告管理体制的借鉴和学习。

此类观点当然具有一定的合理性和学术价值,然而今天的中国已经是世界第二大广告市场,正在经历生态系统的快速变迁。在这种形势下,单纯地借鉴和模仿已经不能有效地解决广告管理的实践问题。与此同时,随着中国广告业国际影响力的提升,我们已经逐渐从学习者升级为其他国家的学习对象,广告管理也应当改变过去以学习和借鉴为主的理念,确立做榜样和楷模的自我定位。只有从这一定位出发,才能更有针对性地探讨符合现阶段广告业特征的全新广告管理理念。

---

① 周茂君:《中国广告管理体制研究》,人民出版社 2012 年版。

三、从“有限内容审查”到“海量数据管理”的广告管理理念升级

如本书第三章所论，当前中国广告生态系统变迁中，广告主的多元化广告战略的建立，新媒体平台的海量广告内容的承载和受众的跨媒体碎片化广告信息接触，共同塑造了一个新的广告业图景，即海量的广告信息、海量的广告载体和海量的接触方式。

而反观当前的广告内容审查方法，仍然是立足于传统媒体环境，针对有限的广告资源和形态而建立起来的审查方式，面对海量的广告资源和形态，难免显得力不从心。因此，当前的广告管理理念迫切需要建立“海量数据管理”的核心思想，从过去面向单一媒体的分块式管理转变为适应“立体化”信息服务模式的平台化管理模式；从过去面向有限广告内容和广告文本的审查转变为基于社会化媒体平台，对海量广告数据进行全方位监管和过滤的模式。

总之，广告生态系统变迁带给广告管理的首要问题就是传统管理理念显得滞后了，无论是“大国广告定位”与“小国广告意识”的矛盾，还是从“借鉴西方经验”到“立足本土特点”的调整，又或是从“有限内容审查”到“海量数据管理”的升级，都向我们昭示了一个深刻问题，即当前制约广告管理的核心问题在于意识陈旧。未来驱动广告管理工作实现长足发展的关键，则是尽早实现管理理念的更新和升级。

第二节　企业的广告管理

一、企业发展周期与广告管理——以医药行业为例

现有的广告管理概念中，界定视角虽然有所差异，但对于广告管理目标的描述却比较一致，即维护广告行业的正常运行和健康发展。由此可知，广告管理的最终目的在于保障正常的行业秩序。具体而言，需要两部分管理职能：其一是及时纠正和剔除扰乱行业秩序的各种因素；其二是依法保障广告参与者的合法权益。然而，现实情况证明，现行广告管理系统在某些时候不但不能发挥

保障作用,反而成了打乱企业和产业正常发展周期的反作用力。这种现象的出现,不能不说是目前广告管理体制的一大遗憾,值得我们深刻反思。

(一)广告是企业发展的重要战略

广告是企业品牌建设的核心手段,在企业发展的不同阶段,广告战略也在不断变化。通过研究不同时期的广告投放战略,我们可以观察一个企业乃至一个产业目前所处的发展阶段。例如,根据CTR市场研究的数据,从2000年到2010年,服务业广告、房地产广告、金融投资保险类广告的年投放量不断增加,而这几个行业自身也正处于高速增长期①,广告投放量成了行业兴衰的"晴雨表"。

同时,在企业塑造新兴品牌、推广新兴产品的市场导入阶段,广告的作用更为显著。比如近年来,凉茶等功能性饮料大范围、密集化、多形态的广告营销战略,直接将这种原本局限于广东地区的区域性饮品推广到了全国。早在2010年,我国凉茶饮料整体销量已达到2 500万吨,超过了可口可乐的全球销量②。而根据国家统计局中国行业企业信息发布中心2012年年底发布的《2012年我国饮料行业1～3季度运行状况分析报告》,凉茶市场占有率排名前4位的加多宝、王老吉、和其正以及宝庆堂的销售量占行业总销售量的86.7%,其中广告支出最高的加多宝③市场占有率更是高达73%④,这说明产品销售量与广告投放量之间呈现很高的正相关特点。

因此,我们应当清晰地认识到,广告是规模生产和规模消费的重要节点,依托广告,企业和产业便能够在一定时期内有效地激活市场,实现快速增长。对于处于不同发展阶段的企业和产业而言,广告在企业战略中的重要功能和意义都必须得到正视和维护,这不仅是广告从业者应当明确的问题,更应当是具体的广告管理工作的立足点和出发点。

---

① CTR市场研究的数据显示,以商业和服务业等为主的第三产业近两年的国内生产总值增长速度均在10%以上,与其广告投放趋势相符。

② 《凉茶产销量超越可口可乐》,《南方日报》(A12版)2011年7月14日。

③ 加多宝的广告花费一直被业界热议,2012年,继花费6 000万元获得浙江卫视《中国好声音》第一季的独家冠名权之后,加多宝又在同年11月2日的第二季广告招标中以2亿元再次中标,同时结合运用电视广告、地铁广告、网络媒体、平面媒体进行铺天盖地的宣传,基本上已经成功地度过了王老吉商标风波导致的危机,顺利完成了品牌转换。

④ 数据来源:新华网。"饮料报告:加多宝在中国凉茶市场占有率为73%",2011年12月11日。

(二)广告管理影响企业和产业发展周期——以医药广告管理为例

然而,通过前文对1994年《广告法》颁布至今的广告管理实践历程的回顾,我们可以看出,广告管理中存在的随意性、波动性和不确定性在很大程度上影响着企业战略的实施,甚至在一定程度上导致企业的发展偏离了自身发展的周期特征。

以前文提及的医药广告管理为例,作为违法广告问题的高发地带,管理部门从2006年开始便不断加大医药广告管理力度,先后出台了一系列相关法规:2006年11月,国家工商总局、卫生部颁布了《医疗广告管理办法》;2007年3月,国家食品药监局、国家工商总局颁布了《药品广告审查办法》;2009年2月,广电总局、卫生部、国家工商总局、食品药监督局、中医药管理局五部委联合发布了《关于进一步加强广播电视医疗和药品广告监管工作的通知》。

然而,管理力度的不断加大并未带来显著的净化效果。2010年,在工商部门查办的广告违法案件中,药品、食品及保健食品、医疗服务广告的违法数量居前3位,分别占广告违法案件总数的11.03%、9.62%和8.44%,医药类广告的违法率高居榜首。同时,在全面禁止医药广告的呼吁声中,医药广告的投放量却仍然稳居前5的位置,它更是广播等地方媒体的重要经营收入来源①。

在管理政策频频出台、社会舆论毁多誉少的同时,医药广告的投放量和违法率却居高不下。面对这一状况,我们不禁要问:其一,不断加大的管理力度没有降低广告的违法率,那么到底影响了什么?其二,如何平衡医药广告市场需求和社会责任之间的关系?要回答这两个问题,我们需要从医药广告的必要性和医药广告管理的影响两方面进行思考。

1. 医药广告存在的客观必要性

医药广告的存在是以市场需要为基础的,高投放额的背后,是因为医药企业、媒体和患者都有各自的广告需求。首先,医药企业作为广告主,投放广告的目的是开拓市场、完成产需沟通,不断追加的广告投放额恰恰证明了这一模式的有效性。其次,地方性中小媒体对于医药广告的倚重,很大程度上源于其生

---

① 工商总局的数据显示,以2008年为例,2008年广播广告经营总额为683 409万元,其中,药品、医疗服务和保健品的广告投放额分别为88 770万元、59 704万元和50 729万元,占总额的29%。

存空间长期受中央级和省级媒体的挤占，广告经营收入增长缓慢。在这种情况下，偏重于地方市场开拓的医药企业便自然成了其最为稳定的主要广告客户。最后，随着中国老龄化社会的特征逐渐显现，居民医疗支付能力不断提高，作为患者的消费人群对医药产品和服务的信息需求必然不断递增，客观上需要接触大量的医药广告。

需要说明的是，此处提及的医药广告，仅指内容合法的广告，但并不是有意忽略违法医药广告所造成的社会危害性，而是主要针对社会中长期存在的关于医药广告合理性展开争论，从而探讨合法医药广告存在的客观必要性。

2. 广告管理对医药企业和产业发展周期的影响

(1)高速发展的医药产业

国家统计局数据显示，2003 年至 2009 年，我国医药行业工业产值从 3 103 亿元增长到了 10 382 亿元，平均年复合增长率达 22.30%。截至 2009 年年底，我国年主营业务收入在 500 万以上的制药企业共计 6 807 家，收入共计 9 087 亿元，从业人数共计 160 万人，是典型的朝阳产业。

从发展动力上来看，推动医药产业高速发展的驱动力主要有三个方面。首先是中国人口老龄化，国家统计局的公告显示：2009 年年底我国 65 岁以上老年人口规模已达 1.29 亿，占总人口的 9.7%，预计 2020 年将达到 12.8%。[①] 根据卫生部的统计，正常人在老年阶段的医药消费量约占其一生的 80%以上。我国不断增长的老龄化人口规模成了当前和未来较长时间内医药产业的刚性需求。

其次是家庭医疗保健支出的增加。随着我国居民消费水平的提高和健康教育的逐渐普及，家庭医疗保健消费支出显著增长。据统计，从 2000 年到 2009 年间，城镇居民人均医疗支出增长了 2.69 倍，农村居民人均医疗支出则增长了 3.28 倍。医药消费水平的提升成为医药行业发展的核心动力。

最后是医药行业的蓬勃发展。现阶段，我国可以自主生产上千种原料药，青霉素、工业盐、维生素 C 等产品在全球市场上占据主导地位，具有较强的抗风险能力。在 2009 年的全球金融危机中，我国医药工业反而实现了 19.9%的逆势增长。

---

① 国际上通常把 60 岁以上人口比例达到 10%或 65 岁以上人口占总人口比例达到 7%作为国家或地区进入老龄化社会的标准。数据表明我国已经进入老龄化社会，老龄化的增速将快于总人口增速，老龄化的趋势正在加强。

(2)广告在医药产业发展中的作用

综上所述,新世纪以来,医药产业的快速发展,是以市场需求的扩张、医药消费的增长和医药工业的规模化产能为共同驱动力的。对于这样一个高速发展的朝阳产业而言,激活市场、了解需求、实现与消费者的有效沟通便成为现阶段发展的重点。广告作为衔接规模生产与规模消费的关键节点,理所应当在医药产业的发展周期中占据重要位置。

因此,从2000年开始,药品广告的表现便十分抢眼,投放额长期稳居行业前3位,占广告总额的10%左右。与医药产业的高速发展的周期性特征完全一致,是广告经济镜像作用在医药行业中的体现。

此外,面向二、三线城市的医药广告增加,从另一个侧面印证了我国新医改进程对社区、农村等基层医疗市场的激活。广告投放特征中体现的医药企业和医疗机构的营销趋势下沉,本质上是医药企业追随国家新医改的政策大环境的顺应行为。

总之,对于处于高速增长之中的医药产业而言,合法的广告是其发展的必备要素。逐年增长的广告投入,不仅是广告主或媒体的逐利工具,更是规模化产能、规模化消费和老龄化人群的刚性需求共同拉动的综合结果,具有客观必然性,不应片面地定性为牟利和欺诈。诚然,违法广告的大量存在确实造成了严重的不良影响,但我们不能因噎废食,更不能因存在违法问题就全面禁止医药广告①。

(三)对企业发展中广告管理的问题反思

1. 管理的不确定性

按现有广告审查制度,医药广告属于特殊商品,按照《广告法》中对药品、医疗器械、农药、兽药等商品广告的相关规定,在发布前必须由药监和卫生部门进行广告内容审查,否则不得播出。换言之,通过审查、准予发布的广告内容应当

---

① 关于全面禁止医药广告的观点,近年来屡见不鲜,最初是2005年3月7日,时任卫生部常务副部长高强公开表示,相关部门拟研究取消医疗广告。随后,2006年10月,国家新闻出版总署、国家工商总局下发紧急通知,要求从11月1日起,所有报刊一律不得再发布包含性病、癌症、人工流产等12类内容的医疗广告。2006年11月29日,卫生部、国家中医药管理局宣布,12月起全国暂停为医疗机构办理“医疗广告证明”。

都享有合法权益,并应受到保护。

然而,在医药广告的实践中,管理的随意性和不确定性却屡见不鲜。一条广告就算一时通过了审查,也难以保证在发布过程中完全顺利。例如,2006 年 7 月国家广电总局、国家工商总局发出“禁播令”,要求所有电台电视台自 8 月 1 日起停播丰胸、减肥、增高产品的电视购物节目。2006 年 10 月,国家新闻出版总署、国家工商总局下发紧急通知,要求从 11 月 1 日起,所有报刊一律不得再发布包含性病、癌症、人工流产等 12 类内容的医疗广告。类似禁令一旦出台,势必对这些已经通过内容审查、支付了广告费用的广告主造成难以估计的损失和影响。

行文至此,并非是说这类医药广告完全没有问题,只是我们试想一下,这些能够在媒体上播出的广告,大部分都是经过主管部门审查内容后,取得了播出许可的广告。只要送审稿和播出稿没有差异,就理应受到法律的保护。虽然医药广告违法率较高,但相对于广告总量而言没有问题的还是多数。因此,如果采取一刀切的简单模式进行治理,势必会株连无辜。

医药广告管理中的执法不确定性,暴露出的实质是广告内容审查标准的科学性问题。如果通过了内容审查的广告,在发布中仍然有可能随时因为涉嫌违法问题而被禁止,那么这种情形实质上是对于现行内容审查制度的存在意义和审查效果的讽刺和无视。同时,由于现阶段我国广告内容审查部门不具有独立性,因此导致这一现象的原因,既有主管部门内容审查标准不透明之过,又不排除相关利益机构和企业之间相互串联的问题,问题的成因颇为复杂。然而,无论是何种原因,管理和执法的不确定性都会对守法企业的正常广告传播活动造成非常不利的影响,进而势必扰乱企业正常的发展战略和发展轨迹。

2. 管理的导向不明

《广告法》第一章第二条明确指出了“本法所称广告为商业广告”的概念范围界定。商业广告的实质功能是商业信息流的传播和流转,从法律范畴的角度去理解,广告管理工作应当以广告自身的商业属性为出发点,始终将广告放在商业活动的视阈下,以市场规范和商业道德为底线来判断其合法与否,重点以广告传播的信息是否真实可信、内容是否损害社会道德伦理等商业标准来进行监管,树立市场化、商业视角的广告管理导向。

然而,医药等行业的广告管理却往往容易以政府的关注热点和社会的舆论浪潮作为广告评判的标准,这实质上是用政治、文化等视角来评判商业领域的广告传播活动。长此以往，很容易造成这些行业的广告管理导向模糊不清，从而使广告管理的随意性更加严重。

例如，2005 年，时任卫生部副部长的高强在提出要取消医疗广告时曾说："一些医疗服务应无偿向群众提供，不应收费，更不应做广告；同时，赚百姓的钱做广告也不合适，不断增多的虚假医疗广告更是要坚决取缔。目前卫生部正拟订相关方案报国务院，拟取消医疗广告，以后所有卫生部门不再承担医疗广告鉴定的任务。"

由此可见，主管部门领导对于医疗广告的认识更多的是基于行政立场，带有明显的主观强势色彩。时至今日，领导当年所提及的免费医疗服务不但少之又少，而且普及率很低。同时，医疗广告依然大量存在，违法率高的问题仍然未得到根本遏制。而随着 2007 年《医疗广告管理办法》的实施，卫生部门对于医疗广告的管理职能仍在继续。事实表明，脱离商业范畴，单纯以行政思维界定广告管理导向、决定广告业务去留的模式不够科学。

因此，从广告的社会监督层面上来说，我们可以从政治、文化等多元化视角来讨论一条广告的优劣。然而，从管理和执法的角度，我们必须严格以商业活动的范围为管理导向，避免从社会、文化等角度来判定广告是否合法。因为如果脱离了商业活动的范围，不但会让广告从业者茫然无措，同时也是对广告管理制度的无视和违背。

3. 多头管理中的部门协调

由于审批、发布和监管分离，医药广告的管理链条涉及广告主、药监部门或卫生部门、广电部门、新闻出版部门和工商行政部门之间的信息沟通和分工协调，在实际运行中，这种多头管理的结构具有很多明显的弊端。

首先，极易由于信息流动不畅而导致管理漏洞。例如，我国的《药品管理法》中明确限定了药品广告的管理标准，药监部门审批药品广告的流程也堪称严格。然而，由于违法成本较低①，现实中确实存在一些媒体受利益驱使，对没

① 1995 年 2 月 1 日开始施行的《广告法》第四十一条规定：违反本法第十四条至第十七条、第十九条规定发布药品、医疗器械、农药、食品、酒类、化妆品广告的，或者违反本法第三十一条规定发布广告的，由广告监督管理机关责令负有责任的广告主、广告经营者、广告发布者改正或者停止发布，没收广告费用，可以并处广告费用一倍以上五倍以下的罚款，情节严重的，依法停止其广告业务。由于违法广告带来的不正当获利远高于违法造成的五倍罚款，且存在取证困难和管理滞后等因素，造成了很多违法广告发布者敢于铤而走险。

有获得广告批准文号的企业网开一面。疏于审核、消极监管的结果必然导致医药广告领域问题频发。

其次，不利于违法广告的查处取证。医药广告从审查到发布的整个传播过程，作为广告核心主管部门的工商局都未参与，只有在消费者发觉医药广告存在问题并投诉之后，工商部门才会介入其中，进行取证和处罚。因此，这种以事后监管为主的管理模式不但不利于及时取证，而且工商部门接到投诉的时候，违法广告往往已经造成了较为恶劣的社会影响。这对保护患者权益和维护群众生命安全非常不利。

最后，不利于统一管理标准和尺度。由于涉及多个部门，每个部门的管理专长不同，对法律法规的理解各异，把握政策的尺度和标准也不尽相同。这种情形势必会增加广告审批和监管流程的不确定性，也使得对广告的合法与否没有一个科学、固定的评判标准，前文所论及的医药广告管理不确定性也与此有一定关联。

总之，现行广告管理体制，尤其是内容审查制度层面存在的弊端，在一定程度上限制了广告管理在降低违法广告率、净化市场环境中的作用，加大了广告管理对企业和产业发展周期的不利影响，这一点在医药产业的发展历程中体现得非常明显。此外，我们还遗憾地看到，《广告法》中对于广告概念的界定和从商业活动的角度开展广告管理工作的总体导向并没有在实践中得到真正落实，管理部门确实是从政治、文化等视角出发来评判广告的合法与违法。所以广告的监督和批评标准可以多元，但合法与否的判定标准必须只有一个，这既是对作为广告主的企业合法经营的要求，也是对作为管理部门的政府依法行政的保障。

二、"碎片化"的广告发布与广告管理

现有广告管理的核心思想是通过控制信息把关人来实现广告管理，而传统媒体作为广告发布者，本身就发挥着广告信息把关人的角色，它们通过有限的媒体资源来控制庞杂的广告信息，可以较为有效地保证广告管理的效果。

然而，在新的广告生态系统中，由于新媒体信息平台上的信息编码和传播权力不再至高无上，广告主发布广告的门槛在不断降低，传统媒体的把关人作用日益弱化。以社会化媒体为例，截至 2012 年 2 月底，仅新浪一个平台就有

130 565家企业开通微博，尤以餐饮美食类企业、汽车企业、商务服务企业、电子商务企业、IT 企业表现最为活跃，分列前 5 位。[①] 同时，新媒体平台的广告效应也不容小觑。宝洁首席执行官麦睿博表示："我们发现在像 Facebook 与谷歌这样的数字媒体中，如果设计得当并有好的创意，那么广告投资回报要远比传统媒体更为有效。在 Old Spice 推广活动中，我们得到了 18 亿点击率，而几乎没花什么成本。"[②]

可以预见，未来这种低成本、碎片化的广告发布方式将日趋主流化，从广告管理的视角分析，这一变化将带来广告活动主体关系的重新界定。现行《广告法》规定的广告活动主体为广告主、广告经营者和广告发布者，而随着广告发布的碎片化，原有广告传播链条中各主体之间的捆绑关系在发生变化，各主体之间的界限日益模糊，传统各司其职的广告业务范围正在被综合性广告业务平台所替代。近年来出现的全媒体营销等概念，就是指在媒体资源集中化的背景下，按照营销需求对传播渠道进行重新配置。

因此，当前广告管理体制的调整应当充分考虑由广告发布方式变化而导致的业务链条更新，在管理制度中重新明确广告活动主体各自的业务构成和主次关系，以保证广告管理效果。

第三节　媒体的广告管理

一、互联网发展与广告管理

在当前的媒体技术变革中，最具代表性的新兴媒体就是互联网。因此，本书将结合近年来互联网发展的特点和趋势来思考新媒体带来的广告管理问题。

(一)互联网发展的特点和趋势

以互联网为代表的新兴媒体的出现，主要产生了三个方面的影响。

首先是内容规模的海量激增。随着内容生产权力的下放，近年来，互联网

---

① 数据来源：新浪网。《2012 企业微博白皮书》，2012 年 3 月 22 日。

② 数据来源：腾讯科技。"宝洁将裁 1 600 人，称 Facebook 谷歌等广告更高效"，2012 年 1 月 31 日。

领域用户原创内容大量涌现，在颠覆传统内容生产方式的同时，也带来了内容产品的极大丰富，形成了有效信息和冗余信息相互杂糅的内容环境。

其次是传播载体的无限拓展。传统媒体中，决定媒体信息承载能力的是频率、频道等基础媒体资源，而互联网则带来了平台化的内容承载方式，传统的媒体资源瓶颈被平台化的信息载具打破，由智能移动终端、传统电波媒体和个人电脑构成的信息平台承担着面向个人、家庭和社区等不同用户，满足其不同需求的信息传播任务。

最后是信息处理能力的提升。一方面，互联网等新兴媒体自身的数据处理能力较之传统媒体呈几何级数增长。以谷歌为例，统计显示，谷歌每天处理的数据为 20 PB，相当于一张日报 100 万年的信息量。信息处理能力的提升，为海量数据的编码解码、定向传播奠定了基础。另一方面，如上一章所论，受众的信息处理能力也在大幅度提高。受众在媒体传播活动中的主动参与度达到了前所未有的高度，美国 MBAonline 网站发布的研究数据显示：每天全球互联网上平均有 200 万篇博客文章发布，文字数量相当于美国《时代》杂志 770 年的刊发总量；而视频网站 Youtube 上则有 80.4 万小时的新增视频内容，可以不间断播放 98 年。受众信息处理能力的提升，不但体现在内容生产领域，还体现在对信息的主动选择和有意回避方面。受众倾向于以自身的信息需求和兴趣爱好来定制信息服务的内容和范围，通过简单操作即可有意识地回避自己不感兴趣的内容。

综上，互联网的迅猛发展已经为我们描绘出了未来媒体信息环境的演进趋势。海量的原创内容更新、无限的信息载体延展、强大的信息处理能力催生了全新的传媒生态系统。同时，对于智慧星球、物联网等新兴概念的研究和探索也正在以此为基础全面展开。

(二)互联网管理的困境和探索

从信息社会发展的宏观视角上看，互联网带来的变化无疑意义重大。然而，如果从管理的角度出发，上述三个变化则为媒体主管部门提出了全新的课题——互联网管理。从内涵上来看，互联网管理主要包括以下三个课题。

首先，内容的海量激增对媒体内容的管理提出了严峻考验。传统媒体的内容管理，把控的是内容生产的源头，小到广告或启示，大至电影电视剧，在播出之前都要经过多道把关的严格审核。而互联网媒体中内容生产权力已经下放。因此，如何改进传统的媒体内容管理方式，实现对于碎片化信息源和海量化原创内容的有效审核和管理，是一个全新的课题。

其次，传播载体的无限拓展对信息流动的管理提出了严峻考验。传统媒体的信息流动路径较为简单，不但有据可查，还可以随时切断或恢复，且其流动的整体速度和方向也很容易调整和把握。而互联网的出现则从根本上打破了传统媒体单向、简单的信息流动路径。信息可以从一点出发，迅速覆盖一个面，进而实现同步传输，覆盖全世界。因此，如何调整传统的媒体管理节奏，适应新型的信息流动模式，是一个全新的课题。

最后，信息处理能力的大幅提升也对媒体管理部门应对复杂局面的能力提出了严峻考验。与传统媒体管理不同，互联网环境下，媒体管理部门面对的是高度智慧的信息服务提供商和信息使用者，信息需求的个性彰显和业务体系的多元拓展，带来了更为复杂多样的信息产品和服务模式。因此，如何有效地延伸传统媒体的管理触角，适应新型的媒体业务类型，是一个全新的课题。

要完成上述三个课题，首当其冲的问题就是要探索出真正有效的互联网管理方法。让我们通过回顾新世纪以来互联网管理领域的几桩大事来探讨这一问题。

其一，2010 年 1 月 12 日，谷歌公司声称受到来自中国的黑客攻击，提出将与中国政府谈判，要求取消谷歌中国搜索引擎的内容审查，否则谷歌将退出中国大陆市场。随后，由于美国官方以强硬态度介入，此事件不断升级，最终导致了谷歌公司在 3 月 23 日凌晨发表了宣布退出中国大陆市场的正式声明。作为全球最大的搜索引擎机构和新媒体广告公司代表，谷歌事件与其说是关于网络自由和安全的争论，不如说是主管部门与互联网服务商之间在管理模式和技术手段层面出现的矛盾和碰撞。

其二，由于担心泄露政治、军事、商业机密信息[①]，Facebook、Twitter 等全球知名的社交网站始终未获准进入中国。对于管理部门而言，基于国家信息安全的担心固然有一定道理，但这种一刀切的粗放式管理方法，本质上还是主管部

① 中国社会科学院在京发布的《中国新媒体发展报告(2010)》指出，社交网站的病毒式营销手段、泄露个人隐私以及政治、军事、商业机密信息等问题也引发质疑。Facebook 等社交网站被西方国家情报机构所利用，其特殊的政治功能则让人心生恐惧。

门在目前无法针对此类社交网络的内容和信息安全进行有效管理的情况下而采取的无奈之举。

其三，反观国内的情况，微博、SNS 等本土社交媒体的迅速发展创造了短时间内聚集注意力、形成话题并广泛传播的媒体平台，带来的社会问题也同样难以管理。在本书第三章提到的 2011 年“谣盐”事件中，关于海水污染食盐的谣言通过手机、网络等现代传播工具急速扩散，仅仅一天的时间就演变成了全国范围内的“抢盐”风潮。新媒体从制造舆论到转化为大范围社会参与的过程，具有时间短、效果强的特点。2012 年 3 月底，新浪和腾讯微博又因为集中出现谣言、造成恶劣社会影响的缘故，分别受到北京市和广东省互联网信息管理部门的严肃批评，并因此暂时关闭了评论功能。此后，主管部门又通过实名制等措施来探索微博的有效管理方式。可以看出，在互联网环境下，短时间内信息的大量聚集和爆发传播很容易导致广泛参与式社会事件的发生，到管理部门介入的时候往往已经造成了较为严重的社会影响。这一新的变化，对管理部门的反应时间、应对技术和敏锐程度都提出了更高的要求。

综上，在上述三个互联网管理领域的案例中，虽然管理客体和事件起因不同，但本质上都源于媒体应用创新与管理手段滞后之间的矛盾。面对这些矛盾，主管部门无论是在管理技术层面还是管理模式层面，均表现出一定程度的管理茫然。可以预见，在未来数年中，三网融合、云计算等媒体技术的快速发展和深入应用，将进一步推动互联网产业的升级和调整，也将对互联网管理提出更加严峻的挑战。

(三)从互联网管理的视角思考广告管理

作为传媒生态系统的支撑性子系统，广告生态系统的发展趋势和路径在很大程度上受到传媒生态系统变迁的影响。从管理层面上来看，当前互联网管理领域存在的管理茫然等问题也会不可避免地映射到广告管理领域。因此，当我们分析广告管理存在的主要问题时，应当从互联网管理困难对广告管理的映射和影响的角度来反思这一问题。

一旦确立了这一观察视角，我们便会发现，海量内容更新、无限广告载体和强大信息能力这三个新媒体特征，同样也深刻影响着广告传播的整个链条，考验着现有广告管理体制的有效性和适用性。

具体而言，如本章第一节所述，海量的广告内容对广告审查制度提出了挑战。我国现行的双轨制审查制度，是针对不同品类的商品进行发布前审查，虽然研究者对于媒体在其中的双重定位有所诟病，但该制度基本上可以保证广告信息发布之前有一个"把关"环节。然而，我们看到，在新媒体领域，由于信息源头的碎片化，广告信息的传播可能来自于碎片化的个人用户，使用现有的广告审查制度对这些内容进行一一审查，几乎是不可能完成的任务。

同时，广告载体的丰富也直接导致了前文所分析的管理主体缺位。手机、社交网站等新出现的广告载体类型缺乏对口的主管部门，在结构、制度层面存在着很多管理空洞，工信部、运营商和工商部门至今都未能探索出一套成型、有效的管理组织结构和制度设置。

最后，强大的信息处理能力催生了新兴广告传播模式，大数据、云计算等技术背景下的病毒营销、数据库营销和精准营销对广告管理主体的反应速度和应对机制提出了更高的要求。

综上，可以看出，当前广告管理中遇到的困境和问题，不仅仅发轫于广告生态系统内部，更是与媒体环境的变化息息相关，在很大程度上是互联网管理在广告管理领域的映射。从这一角度来看，对广告管理问题的思考，也有助于相关管理机构寻找突破新媒体管理茫然的有效途径。

二、电信的信息传递与广告管理

(一)电信的广告传播功能演变

本书对电信信息传递问题的关注源于电信作为信息渠道在广告传播活动中的应用和近年来移动媒体的快速发展。从功能需求层面来分析，电信机构原本提供的是语音通话服务，本质上是要满足点对点的语音信息交换需求。而传统媒体环境下的广告，要解决的是点对面的信息覆盖，因而以语音通话为主的单一业务形态与传统广告之间的相关度较低。

手机广告的兴起和发展，是在技术和市场的推动下广告业和通信业融合的产物。回顾手机广告的演进历程，我们发现，手机在广告传播中的功能发挥，与电信增值业务的演进路径是同步律动的。总体而言，新世纪以来，随着电信增值业务的逐渐丰富，手机作为广告载体的价值被逐渐发掘出来，而且始终随着增值业务类型的丰富而不断发展。具体而言，电信的广告传播功能经历了以下三个阶段的升级。

第一阶段是2000年至2004年，广告功能以短信群发为主。我国手机短信业务起步于1998年，经过两年的市场孕育，2000年开始呈现几何级增长，从一个小众的新兴业务逐渐被手机用户广泛接受和使用。此后的三年间，群发短信开始泛滥，出现了所谓的“垃圾短信”。而所谓的“垃圾短信”，就是当时手机广告的雏形和主要形态，之所以称其为“垃圾”，主要是因为当时的广告内容混乱、传播无序。

从广告形态上分析，这一阶段的广告表现形式较为单一，仅以文字短信这种简单方式承载直白的文字广告信息，作用相当于用户随身的“移动广告牌”。与传统媒体广告不同的是，这种广告模式没有与内容资源形成捆绑，广告传播模式显得较为生硬。加之内容混乱、传播无序，很快便引发了较为强烈的社会舆论批评。手机广告甫一亮相就陷入了美誉度不高的信任危机。

第二阶段是2005年至2008年，是电信广告传播功能日益丰富的阶段。从2005年开始，随着手机增值业务的不断开发，手机终端开始接入互联网，适合移动终端屏幕的Wap站点成为新的行业热点。同时，运营商开始重视分析和挖掘消费者信息，并根据消费者的潜在需求开发出了推送类(push)广告形态，初步改善了短信群发阶段的无序传播状况。

然而，这一阶段，大量与消费者生活息息相关的数据也开始被用于一些不正当的商业用途，类似“北京老板手机号码库”、“北京高档住宅业主手机号码库”等个人信息泄露的案例屡见不鲜，个人隐私保护开始作为社会问题而受到广泛关注。

第三阶段是2009年至今，是电信广告传播功能日益成熟和多元发展的阶段。2008年完成的3G网络升级和运营商重组，将我国电信产业带入了移动互联网时代，以苹果、谷歌为代表的智能终端生产商的市场普及度越来越高，无所不能的终端和无处不在的网络为电信机构在广告中的信息传递提供了新的平台，催生出以下三点变化。

首先，不断增大的手机屏幕尺寸和高速上网的用户体验，提高了手机与电脑的同质化程度，手机广告与互联网广告的跨屏传播成为新的特点。当用户开始使用移动终端访问互联网资源时，原本出现在电脑屏幕上的广告信息自然被移植到了手机屏幕上。

其次，从广告形态上看，手机广告开始与内容和应用紧密耦合。与本世纪初的短信广告不同，在现阶段的移动互联网中，视频网站的海量内容资源和智能手机应用市场中的几十万个应用程序成了新的手机广告载体，催生出了多元化的广告产品形态和碎片化的广告发布主体。

最后，电信运营商在手机广告市场上的掌控力日趋弱化。在以群发短信、Wap 站点展示和推送式广告为主的阶段，运营商在手机广告业务链条中具有天然的优势。[①] 然而，当移动互联网的产业重心开始向智能终端转移时，大量的内容资源和移动应用便成为新兴的广告载体，单纯掌握渠道资源的运营商仅仅发挥着信息管道的作用，在广告信息传递中的重要程度正在逐渐降低。

(二)电信在广告信息传递中的主要问题

从上文分析可知，新世纪以来，电信在广告信息传播中的作用和定位正随着移动互联网从技术到应用的发展而不断调整。当前，移动媒体广告领域呈现出各种广告形态共存的杂糅局面，既有最初的手机短信群发，又有后期出现的视频贴片和应用程序植入。多元化的产品形态，造成了电信在广告信息传递中始终存在的一些难以解决的问题，具体而言，主要有以下三个。

1. 公信力危机

电信在广告信息传递中的最初形式是群发短信，由于缺少可搭载的内容资源，难以做到定向传播，这种生硬的广告传播方式从诞生之初就受到了社会的广泛批评。在公众心中，“手机广告”在很长一段时间内与“垃圾短信”几乎是同义词。同时，由于内容审查标准不清，一些涉黄、欺诈、隐私侵犯的短信纷纷搭短信群发的便车，在社会上造成了很大的不良影响。有数据显示，2012 年，仅河南一省的通信业就拦截了超过 3 363 万条的诈骗类垃圾短信[②]，这一数据如果推及全国范围，其惊人程度可想而知。

从移动广告产业链的角度来看，公信力危机对各产业主体的发展都有巨大的影响，例如，运营商在垃圾短信问题上受到社会的广泛质疑。有社会观点认

---

① 中国联通和中国移动分别在 2006 年和 2007 年获得工商总局颁发的广告资质，高调进入手机广告市场，一度被业界视为手机广告行业成熟化的表现。

② 数据来源：中国通信网。“河南通信业去年拦截诈骗类垃圾短信逾 3 363 万条”，2013 年 2 月 18 日。

为，从技术上而言，电信运营商可以完全屏蔽这些垃圾短信，但运营商为了自身的利益，不但没有进行屏蔽，反而通过为其大开绿灯而中饱私囊。又如，针对广告公司而言，2008 年中央电视台“3·15”晚会剑指分众传媒旗下公司，认为其可能是国内垃圾短信的源头，短短几天就导致分众的股价下跌超过 20%，江南春被迫亲自出面道歉，并表示将停止短信广告业务。众所周知，分众传媒是近年来我国最成功的新媒体广告公司之一，2006 年 3 月，分众传媒全资子公司分众无线依托资本优势正式进军手机广告市场，这原本是移动媒体广告加快发展的重要契机，然而，却由于遭遇信任危机，最终无奈地草草收场。

解决移动媒体广告公信力危机的关键，在于明确区分“垃圾短信”和“广告短信”。因为群发短信作为一个传播渠道，本身并没有利弊之分，关键是传播的内容是否经过严格审查、传播的对象是否有兴趣接收。这些问题的解决，需要建立科学、安全的用户行为数据库，并在此基础上进行客观深入的数据挖掘，具有较高的技术要求，符合新媒体广告的精准传播特征。因此，站在广告研究者的角度，我们应当慎提“垃圾短信”这一概念，如果先入为主，就很难对电信在广告传递中的作用和价值进行公正、理性的分析和判断。

2. 从业资质不明确

电信自参与广告信息传递以来，很长一段时间内一直将广告作为一种电信增值业务，由短信群发服务商来具体执行。这些服务商中，既有与运营商签约的正规公司，也有许多未取得资质的违法公司。据统计，早在 2007 年，全国就有 1 900 余家开展电信增值服务业务的公司，仅北京一市就有 400 多家。[①] 其中包括很多资质不清、鱼龙混杂的小作坊，这在很大程度上增加了日常管理和执法处置的难度。

从业资质不明确的另一个表现是电信机构参与广告信息传递的自身定位：到底是简单的服务提供商(SP)还是广告公司或媒体？定位的差异决定着监管主体的不同，广告公司应当归国家工商总局管理，媒体则需要由新闻出版广电总局参与管理，服务提供商则主要由工信部门负责。从发展现状上看，电信在广告传播中的定位似乎三者兼而有之。以运营商为例，虽然移动通信的媒体化进程已经走了近十年的历程，但在广告传播中，运营商并没有按照广告审查制

① 数据来源：腾讯科技。“垃圾短信成灾，人大代表建议手机实名制”，2007 年 7 月 30 日。

度的要求，发挥媒体应有的广告内容审查职能。一旦出现问题，往往将责任转嫁给广告业务的服务提供商，以清理、整顿的方式平息社会舆论，从而造成了其一方面以媒体自居，另一方面又不愿承担媒体应有责任和义务的矛盾定位。又如，分众传媒以新媒体广告公司的定位进入手机广告市场，原本想要借移动媒体广告之势实现自身的媒体化跨越。然而，作为广告公司，分众传媒没有清晰严格的代理制度保障；作为媒体，又缺乏渠道和内容资源，基础资源和自我定位的巨大落差不得不说是日后导致分众传媒失败的重要原因。

3. 发布标准缺失

与移动媒体广告迅速发展相对应的是管理制度调整和建构层面的严重滞后。从全球范围来看，目前针对手机广告资质和效果的发布标准尚未真正建立起来。虽然日本和欧洲曾分别提出过 MMSA 手机广告标准[①]和 MMA 手机广告标准[②]，在手机广告传播内容和效果评估方面作出了一定的界定，但真正适用于中国手机广告发展的发布标准却始终未能确立。

发布标准的缺失，直接影响了管理中对于“垃圾短信”边界的清晰界定。由于没有专门的法律法规，目前手机广告管理主要以《中华人民共和国电信条例》《互联网信息服务管理办法》和《中国互联网行业自律公约》中的相关内容为依据[③]，管理制度的针对性和适用性亟待加强。

此外，现有的《广告法》等管理制度并未将电信的广告信息传递功能纳入规制范围。因此，在目前的司法解释中，对手机广告的相关概念、标准和政策界限等相关问题尚无清晰的描述和界定，从而导致了现阶段内容提供商、运营商、用户、政府部门等各方在手机广告环节中的权责关系较为混乱。

---

① 日本权威手机广告协会 MMSA(Mobile Marketing Solution Association)曾于 2004 年发表手机广告行业指南，2005 年又重新发布了改定版，包括了所有手机广告的营销细则，从邮件、网站制作、手机内容、软件到 Flash、短信等各方面都制定了详细规定，主张广告公司和广告主必须要从保护消费者的角度来开展营销和广告活动，绝对不能触犯消费者利益。

② MMA 作为国外权威的移动营销行业协会，在手机广告发布标准的结构框架、技术标准和应用标准方面具备一定的前瞻性和行业普适性。在手机广告效果评估方面，MMA 手机广告效果评估标准虽然包含了曝光率、点击率和转化率等效果评估的核心标准，但评估指标比较粗糙和单一，并且主要是借用传统媒体广告和互联网广告的评估指标，没有体现手机的媒体特性和营销定位。

③ 上述法律法规，主要针对制作、发布或传播危害国家安全、危害社会稳定、违反法律法规以及迷信、淫秽等有害信息等严重问题作出了明确的禁止规定，但对于手机广告的发布、效果和技术等层面的问题并未涉猎。仅以此为标准，难以判断手机广告发展中千变万化的具体问题是否合法。

(三)电信广告管理困局

电信机构在广告信息传递中暴露出的相关问题,不仅仅是手机广告市场存在的单一问题,更是对现行广告管理制度在新媒体环境下运行效果的重要考验。上文分析的公信力缺失、从业资质不明和发布标准缺失三个问题,若从广告管理层面加以思考,都反映了现阶段相应的管理体制困难,值得我们深入思考。

1. 广告内容审查难度大

在现有的“双轨制”审查制度中,媒体是关键枢纽。一方面,媒体自行直接审查普通商品的广告内容。另一方面,媒体还要审验药品、农药等特殊商品的广告发布许可,发挥广告信息把关人的作用。然而,电信的广告信息传递却始终没有摆脱“把关人”缺失的问题,虽然电信运营商都以媒体化转型为战略方向,然而截至目前,其自身的媒体功能构建并不全面,还不能像广播电视机构一样在广告内容审查中发挥全面作用。

同时,电信运营商在广告活动中的功能存在“强传递、弱管理”的特点。造成这一状况的原因主要有两个方面。其一,相关法律中明确规定,运营商有义务保护信息内容的安全与及时到达,公民作为信息的发送者和接收者,享有法律赋予的通信自由权,而现行法律中却没有赋予运营商对信息内容的监督、管理等处置权。站在运营商的角度考虑,如果擅自监管或审查信息内容,反而无法可依,变成了违法行为。因此,要想从根本上解决广告内容审查的问题,就必须从电信法和广告法的角度对审查主体给予指引和授权,这样现行广告内容审查制度才能在移动媒体广告领域发挥作用。其二,移动媒体广告市场上存在着大量以无记名电话卡、电脑软件和以捆绑在手机应用程序中的广告插件来发布手机广告的方式,由此带来的广告形态多元化和发布主体的碎片化特征,加大了广告内容审核的难度。尤其是一些内置广告软件,它们以合法内容为伪装,安装到手机后在使用中才逐渐表现出“匿名推送”、“不可关闭”、“强制下载”以及“恶意扣费”等流氓特性,具有较强的隐蔽性,给现阶段工商部门取证和确定侵权行为带来了新的挑战。

2. 管理体系错综复杂

手机等移动终端的最初功能是实现点对点的语音通讯,具有天然的通信属性，属于运营商和工信部门的管理序列。这一定位在新世纪前没有任何异议，但随着手机短信等增值服务的种类不断丰富，移动终端的媒体化特征日益凸显，其中，广告信息的传递就是其媒体特征的重要表现之一。面对这一情况，传统从通信视角去管理电信信息传递的模式就显得力不从心了，对于其媒体属性的关注成为管理转型的热点。

然而，移动媒体广告与平面媒体和广电媒体不同，在后两类媒体中，广告是内容的伴生产品，先有内容，后有广告，受众在接触内容的同时接收广告信息。因此，广告作为媒体内容的商业化信息延伸，顺理成章地由广电部门和新闻出版部门进行管理，二者都具有非常丰富的媒体内容管理经验。从这一角度来看，传统媒体的广告管理实际上始终沿袭着内容管理的基本标准和通用模式。通过前文分析可知，移动媒体却是先有广告，后有内容，在 Wap 站点和手机视频出现之前，群发短信的广告形态就已经大行其道。这种具有颠覆性、略显生硬的广告形态显然不符合既有的广告管理标准，因而出现管理空洞其实不足为奇。

当市场普遍开始认可移动媒体的价值之后，从媒体属性层面讨论电信信息传递管理的议题越来越受到关注，广电、新闻出版等部门纷纷以加强内容管理为由介入移动媒体广告管理，提出对电信信息传递内容方面的管制和审查要求。而运营商则出于自身利益和既有的管理模式，始终坚持自己管理从内容到渠道的整个传播流程。数个不同的机构，围绕两种属性展开的角力和博弈一直持续至今。表面上看，他们讨论的是广告管理的权力归属，核心其实是争夺自身在移动媒体平台甚至三网融合进程中的主导权。

同时，工商部门、宣传部门和工信部等作为电信广告信息传递的管理部门，虽然发挥着一定的作用，但难以发挥与电视广告管理相近的管理作用。究其原因，就在于媒体属性的管理主体缺失，广告内容审查和违法广告监督取证等工作无法真正落实到位，中广协、消协等非政府管理机构的反馈信息不能及时与工商执法部门沟通，导致工商部门的行政处置权难以在移动媒体广告管理领域发挥有效作用。

如图 4－1 所示，在现有的广告管理体制下，要实现对电信广告信息传递的有效管理，核心就在于明确电信信息传递过程中的内容审核主体和移动媒体的管理归属。只有在制度层面严格界定了上述两个问题，才能明确管理体系的合

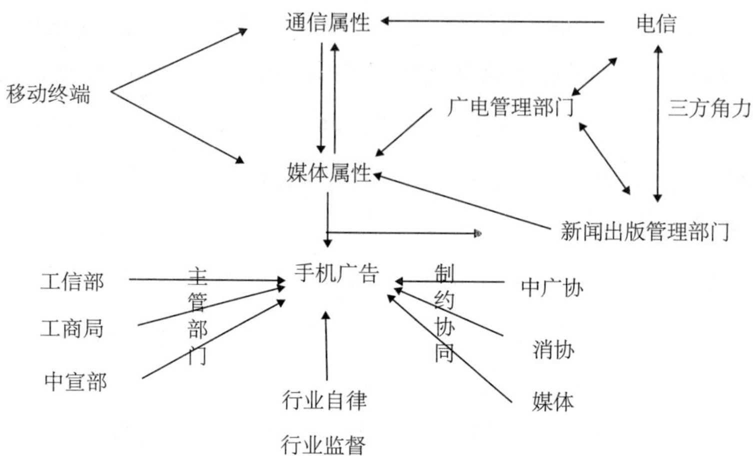

图 4—1　电信广告信息传递管理体系

作结构、主次关系和权责分配，才有可能改善目前管理缺失的混乱局面。

3. 法规出台相对滞后

分析了管理结构的特点之后，我们将目光转向管理制度层面，思考法规滞后对电信广告信息传递管理工作的影响。这一看似老生常谈但却始终难以解决的管理难题，已经成为制约移动媒体广告乃至整个新媒体广告管理工作有效开展的主要瓶颈。

除了上文提及的法律法规空洞，目前移动媒体广告管理的法规体系的整体结构也有待于进一步健全。换言之，移动媒体广告管理制度不是简单的某一领域法规缺失的问题，而是需要着眼于电信广告信息传递的整个过程，对所需制度进行较为宏观的结构性思考，再针对不同层面的需求制定相关法规，只有这样方能改善移动媒体广告管理制度滞后和缺失的问题。

具体而言，相关法规主要涉及五个层面的内容。其一是产品层面，如前文所述，需要出台移动媒体广告产品标准，明确移动媒体广告的内涵和外延、产品设计原则、功能和边界；其二是技术层面，需要通过制定移动媒体广告传输规范来明确现有电信信息传输在广告传播中的使用方式、范围和相关限制，尤其要明确基于互联网的短信群发软件等不记名发布方式的使用规范；其三是服务层面，亟须出台用户申诉的处理办法，建立畅通的用户反馈渠道，确保发现违法广告行为后的及时取证和与工商执法部门迅速沟通；其四是监督层面，应当制定明确清晰的垃圾短信判断标准，准确区分移动媒体领域的合法广告产品和违法垃圾短信,准确定位管理对象,避免由于区分不清而伤及无辜;其五是消费者层面,需要制定专项法规,保护消费者个人隐私等相关信息,这一点将在下文进行详细论述。

综上,上述五个方面的法规建构,覆盖了电信广告信息传递的整个链条,这一法规体系的完整建构将在管理制度层面使每一个环节都做到有法可依、有章可循,从而为广告管理工作提供制度保障和执法依据。

第四节 受众的广告管理

一、受众传播能力升级与广告管理

正如本书第三章所论,当前广告管理应当重新思考受众在广告传播中的作用。在现有广告管理体制中,受众是广告的社会监督力量,没有被列入管理客体的范畴之中。在单向传播的大众媒体环境下,这种分类无可厚非,然而,如本书第三章所论,随着受众编码和传播能力的日益提高,受众主动参与广告传播的程度已经可以深刻影响企业营销的成败,近年来出现的病毒式营销等案例就是个中代表。因此,广告管理应当针对受众在广告活动中的作用和地位的变化,出台相应的管理流程或制度,强化受众参与广告传播的管理。

值得欣慰的是,管理部门已经逐渐意识到了这一问题。例如,据《新京报》报道称:"《广告法(修订送审稿)》在广告主、广告经营者、广告发布者三大主体的基础上,把参与广告代言、证明、推荐的其他参与者也列为需要规制的广告主体,把连带责任的主体扩展到个人,约束代言行为。"[①]这一变化的主要目的虽然在于约束代言行为,但新媒体广告平台上,个人代言广告的现象十分普遍,人人都可能成为广告的"代言人",每位受者在选择性接触广告信息和主动编码传播的同时,都在扮演"个体代言人"的角色。从这一角度来看,将个人列入广告管理的视野,在一定程度上有利于新兴广告生态环境下受众管理力度的加强。

---

① 《广告法修订启动将规范名人代言》,《新京报》2011 年 5 月 24 日。

二、消费者信息保护与广告管理

本书研讨的广告与消费者信息之间的关系，由广告与消费者权益之间的关系演变而来。从 1995 年 2 月 1 日现行《中华人民共和国广告法》开始施行至今，广告与消费者权益之间的冲突始终存在，虚假、夸大等内容始终是广告管理部门监管和打击的主要目标。以前面多次论及的药品广告为例，由于违法药品广告严重侵犯消费者的权益，主管部门对其的监管力度不断加大，出台了一系列相应的管理政策。例如，2002 年 8 月 4 日，中华人民共和国国务院令第 360 号颁布了《中华人民共和国药品管理法实施条例》。2005 年 12 月，国家药品监督管理局又出台规定，从 2005 年 12 月 1 日起，所有处方药不得在大众媒体上刊播广告。然而，即使在三令五申的限制下，2006 年药品广告投放额依然高达 149 亿元，占广告市场份额的 9.47%。[①] 监管力度的不断加大和广告投放额的持续上扬，揭示出企业需求和广告负面影响之间的不协调，也折射出广告与消费者权益保护之间的矛盾。

如果说药品广告与消费者权益之间的冲突源于广告内容不实，尚属广告信息的编码加工问题，那么在新兴广告生态系统中，随着广告专业技术的进步，广告操作手段与消费者隐私之间的碰撞正在全面升级。随着以可寻址媒体和智能终端为代表的新兴媒体技术的不断更新，基于受众透明化的广告传播的商业价值受到了广泛的关注。从广告管理的层面来看，这一变化趋势不可避免地带来了新的管理问题，其中最主要的就是广告与受众隐私权之间的博弈。

由广告经营者收集和分析用户数据而引发的个人隐私危机最先在电子邮件领域触发。在谷歌宣布推出 Gmail 服务后，围绕 Gmail 用户隐私权的争议就不断出现。据了解，谷歌通过电脑对用户电子邮件内容进行扫描分析，并将包含有用户个人信息的 Cookie 与其电子邮件或 Web 使用记录链接在一起，最终建立起包括用户个人资料、生活记录、兴趣偏好等内容在内的中心数据库。在此基础上，谷歌可以分析出用户的消费偏好，进行广告信息的匹配投放[②]，用户 Gmail 账户中的邮件内容、联系人信息和注册信息都会在不知情的情况下被频

① 数据来源：中国证券网。“2006 年全国广告经营额达 1 573 亿元”，2007 年 5 月 22 日。

② 资料来源：新浪科技。“Google 被控涉嫌侵犯隐私 超大电邮惹了祸？”，2004 年 4 月 6 日。

繁分析，用于定向广告投放。

基于智能手机平台的广告也是如此，近年来炙手可热的移动智能终端厂商苹果也遭遇了用户隐私数据泄露的质疑。2011 年 4 月 20 日，两名英国工程师在美国硅谷一个技术会议上宣称，从 2010 年 6 月 21 日发布 iOS 版操作系统开始，苹果 iPhone 便可以秒为单位将用户所在地的经纬度信息保存在一个没有加密保护的文件中。随后，《华尔街日报》的安全分析师发现苹果 iPhone 和使用谷歌安卓操作系统的智能手机会自动收集用户行踪信息，并将这些私人信息返回给两家公司，且 iPhone 手机在定位功能被关掉后仍在收集用户的行踪信息。仅仅在美国一地，就有超过 6 000 万 iPhone 用户面临这种风险。[①] 美国著名 IT 网站“连线”刊文指出，掌握某人行踪会引发各种潜在的犯罪联想，苹果的有关功能无疑将用户置于了危险境地。以苹果、谷歌等公司为主角的“跟踪门”立刻引来全球舆论的一片哗然。

对广告从业者而言，一方面，掌握消费者的生活形态和消费形态历来就是广告人的梦想，传统的市场调研和消费者研究利用数理统计的科学抽样方法，通过对代表性样本的分析和研究来尽可能准确地描述和推测消费者的行为特征。由于未涉及面对消费者个人真实信息的大范围收集和分析，这些方法并没有触及个人信息安全的红线。新媒体技术的更新，让海量数据样本的采集和实时动态分析从理想变成现实，广告人对于受众的把握能力和追踪能力获得了前所未有的提升，利用数字电视机顶盒的数据回传技术，甚至可以开展面对一个城市的电视家庭用户的数据普查式研究。同时，对于跨媒体平台的同源样本的开发、利用也在不断加强，覆盖全媒体的数据采集技术从理论上讲已经能够追踪消费者在任何媒体平台上的使用习惯和消费偏好。

另一方面，国际电信联盟发布的数据显示，截至 2010 年年底，全球网民数量已达 20.8 亿，手机用户数量已达 52.8 亿。对于广告传播而言，每一个个体信息都有其不可小觑的商业价值；而通过扫描用户的邮件、定位用户的当前位置，厂商可以分析用户的兴趣爱好，推送用户感兴趣的、与其当前位置相关的广告，商业价值巨大。

从受众的角度而言，随着可寻址技术和智能化技术的进一步演进，信息的

---

① 资料来源：凤凰网。“中国消费者协会吁苹果、谷歌保护用户信息”，2011 年 6 月 14 日。

精准推送能力将越来越强，受众隐私泄露的危险也将日益加大。这无疑为广告管理工作带来了新的课题和挑战，在科技进步推动广告传播力提高的同时，作为管理主体的中国广告管理机构也必须思考如何把握广告与消费者权利之间的平衡关系。

第五节　广告管理的其他问题

本章前四节，我们探讨了广告生态系统主体层面存在的广告管理问题，除了企业、媒体和消费者因素之外，在广告生态系统变迁的过程中，还存在着其他影响广告管理的环节和因素，这些因素虽然不直接与广告生态系统主体相关，但它们造成的广告管理显性问题也应当引起研究者的充分重视。因此，本节我们将就两个最主要的问题进行分析和思考。

一、社会广告态度震荡与广告管理

广告生态系统是社会大系统的重要组成部分。从上世纪 80 年代我国发展市场经济起至今，在社会空间中，无处不在、无所不包的广告传递的已经不是单纯的商品、服务信息，更体现着言论自由、表达自由的社会参与方式，反映着不同价值观、不同消费欲望和消费方式之间的碰撞与共存。因此，社会对广告的态度，在很大程度上影响着广告管理实践的重点和力度。

2011 年我们曾撰文分析了广告态度与社会发展阶段特征之间的关系①，总体而言，中国社会广告态度的变化呈现出阶段性震荡的特征。具体而言，在市场经济高速发展的时候，社会容忍度比较高，广告的表现千姿百态。而当社会的某一个力量开始收紧的时候，广告的表现就很容易受到非议，甚至被压制和打击。这种压制和打击有时候表现为不同利益集团的碰撞，有时候表现为政府和市场的角力。比如上世纪 80 年代改革开放的初期，社会处于一个刚刚开始分裂的过程之中，广告的表现五花八门，处于高速成长的状态，北京大学的学生

① 丁俊杰、王昕：《市场化背景下中国社会发展与广告产业定位思考》，《广告大观》(理论版)2011 年第 4 期，第 4—10 页。

曾发起对广告的抗议，其实是通过宣传自己对广告的批评态度，表达对广告背后的经济势力的不满，而广告则成为社会问题的“替罪羊”。

近年来，这种阶段性震荡还表现为，每逢社会发生重大事件，广告都几乎毫无例外地成为监管的重点对象。例如每年“两会”期间，北京的户外广告都会经历集中检查和规范整改。又如 2008 年汶川地震之后，各级广电部门普遍减少了商业广告的播出，据 CTR 市场研究公司对地震前后全国电视媒体两周广告的全天候监测对比，震后电视媒体商业广告总支出减少了 37%，减少近 99 亿人民币。曾有网民公开质疑地震后中央电视台《新闻联播》前播放商业广告的做法，认为“空前高的收视率都是建立在灾区人民的痛苦之上的，灾区的救援情况牵动着每一个观众的心，在所有观众急切了解灾区状况的心情下看到商业广告很不合适，应该播放与灾区有关的公益广告”。

从上述案例可以看出，现阶段，社会整体对于广告的价值、作用和存在意义缺乏正确、客观的认识，对广告的负面成见较深。具体表现为往往先入为主地将广告，尤其是商业广告视为负面问题的高发区，每逢社会重大事件必定加大管理力度，轻则整治，重则叫停，似乎没有了广告才符合严肃、庄重的社会氛围。这种简单粗暴的“一刀切”管理模式，实际效果是人为地制造了广告与社会主流文化观念之间的对立关系，说明社会主流意识层面对广告所代表的文化意义缺乏客观的认识和准确的定位。

我们认为，广告不是娱乐，其本质是真金白银投入的严肃的市场行为，广告在社会空间中存在的意义也绝不仅仅是粉饰太平，而是肩负着引导消费文化、激活市场经济的重任。因此，商业广告的存在，与严肃的社会氛围并不矛盾，广告自身的社会责任也不应该以大事件来临之际便偃旗息鼓地消失的方式来体现，而是需要更为理性的认识和更为有效的引导。

试想一下，汶川大地震之后，相对于全面禁止商业广告，管理部门为何不能引导企业在电视台赞助制作一些以抗震救灾公益内容为主的商业广告？为何不能号召媒体将这一阶段商业广告的投放费用捐献出来赈灾？管理部门如果能积极地引导和号召，则既可以改“粗放禁止”为“理性引导”，保护企业正常的广告投放周期，又可以切实提高企业对社会重大事件的参与度，增强其社会责任意识，为抗震救灾募集更多的善款。

此外，近年来，政治导向对广告管理工作的影响也非常突出。例如，2013 年春节前，由于中央反复强调各行业各部门要厉行勤俭节约、反对铺张浪费，原广电总局紧跟中央精神，加强电视广告管理，下发了《关于清理广播电视“送礼”广告的通知》，要求各级电台电视台立即删除含有渲染“送礼”内容的广告。通知指出：一些电台电视台播出的个别广告出现了“送礼首选”、“送领导”、“上级有面子”等渲染“送礼”的内容，传递了不正确的价值观，容易助长不良社会风气。①

从弘扬先进社会风尚的角度来看，原广电总局此举似乎无可非议。然而，如果从广告管理的角度去思考，我们就要提出三个疑问：第一，这些被清理的广告，它们的内容都经过现有广告审查制度的严格审查，合格后才获准播出，现在随意叫停，审查标准的严肃性何在？第二，广告是严肃的市场行为，广告主与媒体之间的广告发布协议应当具有严肃的法律效力。支付了广告费用并通过审查的广告作品，由于管理政策突变导致的费用损失和效果减弱到底应该由谁负责？第三，“送礼”内容的广告如果有问题，为何多年来层出不穷，直到 2013 年年初才予以清理？深层次原因究竟是日常广告管理的不作为？还是广告审查标准的制定和修改过于随意？

总之，社会广告态度的震荡对广告管理的影响，折射出的深层次问题是广告在社会大系统中定位不清，自身的价值、作用没有与社会形成良好的沟通与互动。在这种情况下，广告管理的随意性、不可预知性自然难以避免，真正有利于广告产业发展的长期稳定的广告管理运转机制短期内还难以确立。

另外，广告管理的根本目的在于维护广告行业的健康有序发展，上述基于政治、文化等导向的突发式广告管理，在很大程度上直接打乱了合法广告主的广告周期，影响了其合法利益，反映了管理部门“重惩罚、轻保护”的管理重心。我们应当从中国广告管理基本指导思想的高度来深刻反思这一问题。

综上所述，广告生态系统是社会大系统中的重要组成部分，从社会系统的角度而言，真正稳定、有效的广告管理机制的确立，必须建立在社会对广告业的定位、价值和作用等方面有客观、理性认识的基础之上。如果脱离了社会的广告态度，单纯拘泥于处罚某一个具体问题，将难以从根本上解决问题。

---

① 资料来源：新华网。“广电总局要求电台电视台立即删除‘送礼’广告”，2013 年 2 月 5 日。

二、非商业广告发展与广告管理——以公益广告为例

如前文所述,《广告法》第二条就明确规定:“本法所称广告,是指商品经营者或服务提供者承担费用,通过一定媒介和形式直接或间接地介绍自己所推销的商品或者所提供的服务的商业广告。”这一规定将广告工作的监管类型局限在了商业广告范畴之内。换言之,《广告法》中的条款对非商业广告没有约束力,从而不可避免地形成了监管空洞。

从广告的社会存在和社会价值而言,商业广告固然重要,但社会空间中大量的公益广告、政治广告、个人广告等多元形态的广告产品,在促进社会信息沟通、传递先进文化元素、满足个人信息需求等方面也发挥着重要作用,值得引起广告管理者的重视。以公益广告为例,上世纪 90 年代中期,我国公益广告迎来了一个发展高潮,曾涌现出许多脍炙人口的公益广告作品,以电视为媒体平台的密集传播为惩恶扬善、弘扬正气、净化社会精神环境、引导人们价值取向作出了积极贡献。

然而,这种社会效应显著的广告类型却没有被纳入广告管理的范畴,因疏于管理而产生的公益广告问题日益增多。例如,由于《广告法》中没有关于公益广告概念和外延的相关定义,极易导致在实际操作中难以清晰地区分商业广告与公益广告,例如很多电视节目的内容是公益性的,却出现了企业的标板。这种广告的属性应当如何界定?如果将其界定为公益广告,则现行的广告主管部门和广告内容审查制度就无权对其进行监管。如果将其界定为商业广告,它的主体内容又以公益为主,在广告内容审查等监管环节又会产生主管部门归属等问题。判断标准的缺失,在实际操作中势必会导致部分企业为规避监管,采用假公益之名行商业之实的方式来进行广告活动。

对于媒体而言,公益广告的管理缺失亦影响颇大。首先,从媒体资源的角度来看,在当前的管理制度中,没有明确媒体发布公益广告能获得哪些相关支持,对公益广告占媒体资源总量的比例也缺乏量化标准和参照规范,这对保护媒体的公益广告积极性和确保公益广告整体规模的稳定增长极为不利。

其次,从管理职能的角度来看,在商业广告管理中,媒体承担着内容审查和查验相关证明的权力,失察者将受到所在单位、上级机关、行政监察部门依法给

予的行政处分。而在公益广告等非商业广告中，法律并未赋予媒体相关的管理职能和权力。当前对于公益广告的管理主要沿袭了媒体内容管理的方法，没有形成统一的管理标准，由此势必造成不同区域、不同媒体的公益广告管理标准各异、松紧不一。针对这种具有广泛影响力的广告形态，应当尽快出台专项管理标准，明确媒体或其他主管部门的管理职责和各自分工。

最后，从广告经营的角度来看，概念不清和管理缺失导致了我国企业整体公益意识较为淡漠。公益广告被认为仅仅是一种政府行为；媒体对公益广告缺乏经营理念，仅仅作为政治任务发布。其实，在广告实践中，只要策划和创意得当，企业的商业导向与公益广告完全可以实现有机结合，实现公益价值和商业价值的双赢。例如，2003 年 3 月，“第二次海湾战争”拉开了帷幕，远在中国的统一润滑油因为一句“多一些润滑，少一些摩擦”的广告语而迅速家喻户晓，获得了极高评价。同年，神舟五号成功发射，标志着我国载人航天飞船首航成功，蒙牛凭借航天员形象的平面广告和“航天员专用牛奶”的产品资质，实现了品牌影响力的飙升。

上述两个案例都是融合了一定公益元素的商业广告，均取得了不俗的广告传播效果。由此可见，在广告经营中，公益广告与商业广告并非水火不容。在公益广告中适当融入一定的商业元素，能够激活企业的公益热情，增加企业对公益广告的资金扶持和赞助力度，从而有助于提高公益广告的整体制作水准。

除公益广告之外，上一章中论及的政府以广告主身份发布的国家形象广告和新媒体环境下个人借助社交媒体等形式进行的一般事务告知型广告，也都应当列入当前广告管理工作的范围。

总之，对于广告管理范围的探讨，早在 2006 年就曾在《现代广告》杂志策划并组稿的专题研究“修改《广告法》迫在眉睫”[①]中被业界和学界的专家反复提及。所以，从广告生态系统的角度来看，多元广告类型造成的广告管理范围的扩大，以及碎片化广告发布主体带来的管理对象变化，都是当前广告管理研究中应当充分关注的热点。针对这些变化进行广告管理范围的重新界定，亦是改进当今广告管理工作的重点之一。

综上所述，我们在本章聚焦于广告生态系统外部环境和系统主体层面，首

---

① 详细内容可参考《现代广告》2006 年第 6 期，第 14—37 页。

先针对各系统主要环节在长期市场实践中存在的主要广告管理问题进行了逐一分析。随后又针对当前广告管理问题的外部影响因素和广告范围的多元化扩展进行了剖析，提出我们应当关注社会广告态度震荡和非商业广告发展对广告管理活动的映射和影响，以及应当从更宏观的视角来审视广告管理问题的深层次根源。因此，基于系统主体的广告管理问题的思考，是当前广告管理领域诸多问题中最主要的部分。解决好这些问题，是广告管理系统在与广告生态系统的互动中彼此适应、相互促进的核心。

行文至此，我们已经基本完整地梳理了本书研究广告管理的主线，即广告生态系统变迁；明确了思考广告管理体制的两个视角，即基于系统外环境映射的宏观影响思考及基于系统各主体管理实践的具体问题分析，由此我们形成了本书研究广告管理体制的整体逻辑框架。下一章，我们要在这个逻辑框架的基础上，从管理思想、管理结构、管理技术和管理机制的角度，思考广告管理的系统性调整与创新问题。

第五章　广告管理演进的思考

本书第三章和第四章详细梳理了广告生态系统变迁的特征，又从系统主体的广告管理实践层面梳理了现阶段广告管理的主要问题。在研究中我们看到，当前广告管理领域存在的问题主要来源于两个方面：一是广告管理在实践中长期存在的传统问题，包括特殊行业广告管理、社会广告态度的变化等；二是随广告生态系统快速变迁而产生的新兴问题，包括上一章论述的互联网、电信的广告传播，以及消费者信息安全等。对于前者而言，此类问题的核心成因是广告与经济环境的互动和自身产业定位的变化，不能仅从广告产业研究的单一视角进行分析。对于后者来说，广告生态系统变迁中出现的广告管理新兴问题，考验的是广告管理适应新环境的能力和速度。在前文的研究基础上，本章研究的核心在于结合前面几章关于广告生态系统的研究成果，深入思考广告管理的演进方向。

第一节　广告管理问题与系统功能障碍

从生态系统的视角来看，广告管理是整个广告生态系统的控制子系统，它的正常运转，要求它必须处理好与系统主体和其他子系统之间的关系。从这一角度而言，目前广告管理运行中出现的问题，本质上都是由于广告生态系统主体关系的不协调和部分系统的功能障碍所导致的。由于生态系统是一个强调各要素之间密切联系和充分互动的有机整体。因此，本节将尝试从广告生态系统的视角来重新审视广告管理的热点问题，以期更加深入地解释各相关要素之间错综复杂的冲突和依存关系，进而帮助我们把握广告生态系统的规律，从而构建和谐、有效的广告管理方式。

一、广告管理主体结构失衡

在广告信息传播的功能分配层面，作为广告信息生产者的广告主、信息传递者的媒体、信息消费者的受众以及信息管理者的相关政府部门应当在数量、资源占有和权力分配等方面保持一个相对均衡的合理比例。然而，在我国现行的广告管理体制中，万余名广告专管人员要完成面向200多万名从业人员的管理工作，这造成了广告管理的主体和客体之间存在严重的数量比例失衡。

在资源占有层面，广告主、广告公司和媒体三大生态系统主体之间悬殊甚大。广告主是广告信息传播活动的发起者，也是广告传播效果的直接受益者，在广告活动中处于先决地位。媒体作为广告信息的载体，是广告信息流动的中间环节，凭借其特殊的体制属性和资源垄断地位，很长时间内在广告投放活动中发挥着核心作用。这种对稀缺资源的占有，决定了广告主和广告公司受制于媒体的不平衡产业竞争格局。与广告主和媒体相比，广告公司占有的资源相对较少，在市场实践中长期处于媒体的强势挤压之下，生存状况不容乐观。虽然我国加入WTO之后，大型媒体购买公司依靠国际资本支持，在一定程度上摆脱了媒体的资源制约，但就我国广告公司的整体发展现状而言，广告公司依然是广告生态系统主体中占有资源最少的一环。

在权力分配层面，前文已经论述过，政府管理体系和非政府管理体系在广告日常管理、违法广告处置等方面享有的权力极不均衡，导致在现行广告管理体制下行业自律和社会监督机制的作用始终未能得到有效发挥。此外，广告管理行政部门之间的管理职能分配也存在着严重交叉和不均衡的现象，前文在对比原广电总局与原新闻出版署的广告管理职能时已经进行了相关分析。

综上，广告生态系统要素之间在数量比例、资源占有和权力分配方面的失衡，不但会影响广告管理体制的健康运行，更是当前很多广告产业现实问题的根源。例如，优质媒体凭借对稀缺资源的垄断优势自办广告公司、自主定价的行为就严重破坏了广告代理制在我国的正常运行。在某些地区，资源型中小广告公司的生存空间被挤占殆尽。从这一层面来看，目前广告管理实践中出现的问题，只是这种失衡状态在管理领域的集中体现，长此以往，其对整个广告生态系统的不利影响将更为突出。

二、虚假广告源于系统信息筛选功能障碍

在广告生态系统中，信息筛选主要由三个环节构成，分别是相关政府主管部门对特殊商品广告的审查，媒体对一般商品广告的审查，以及广告受众对广告信息的判断和筛选。目前广告管理领域出现的虚假广告、过度宣传和片面放大等问题，根源就在于系统信息筛选功能障碍。

一方面，既有研究成果普遍认为，在现行审查制度中，审查机构的独立性较差，容易在利益的驱使下放宽标准，从而在很大程度上影响审查结果的客观公正。同时，特殊商品的审查工作流程较长，首先要在相关政府部门接受审查，得到发布许可后再转到媒体审查部门，这就很有可能导致由于部门之间信息沟通不畅而出现送审广告与发布广告内容不一致等偷梁换柱的现象。

另一方面，在传统以电波和印刷媒体为主要渠道的广告传播环境中，传受双方存在着严重的信息不对称和广告信息编码被片面放大①的现象，造成了受众的信息弱势地位。加之近年来，广告在社会生活空间中过度植入，已经令受众在面对泛滥的广告信息时变得麻木而无所适从。在“广告接受疲劳症”和信息不对称格局的双重夹攻下，受众的广告接受态度呈现出两个极端，即对广告信息要么完全排斥，要么盲目相信。这严重影响了受众结合自身消费需求和广告素养理性筛选广告信息的能力。

三、社会监督机制失灵源于系统反馈功能障碍

就广告的社会监督而言，消费者自身维权意识淡薄、维权成本较高、反馈链条过长等问题直接影响了受众检举揭发虚假广告的积极性和主动性，造成了系统反馈功能障碍。众所周知，有效的系统反馈功能是消费者协会等广告社会监督机构在广告管理中发挥正常作用的唯一基础保障。以消费者协会为例，由于其承担的社会职能很多，并不是专门的违法广告监督部门，也没有行政处置权

---

① 广告信息编码片面放大，指广告文本设计中主导信息和边缘信息比例失调，或由于冗余信息过剩而导致的广告文本混乱无序。上述问题的根源都是因为编码者有目的地故意放大某类信息，故将其概括为广告信息编码的片面放大。

和执法权，因此它只能通过收集消费者的反馈，向工商等执法部门提供信息，才能在广告管理中发挥作用。

在相关论文中，言及广告社会监督组织，学者往往将目光集中在如何调整社会监督机构的广告管理职能和权力层面，但实际上从广告生态系统视角出发，我们应当首先思考如何确保和提升现有广告生态系统反馈功能的正常运行和效率。

四、新媒体广告管理缺位源于系统环境适应功能障碍

生态系统根植于外界环境，在自我运转的同时也时刻在与环境中的其他相关系统进行能量流动和信息交换，具有在互动中感知环境变化并调整自身以适应这种变化的功能。而目前新媒体领域出现的管理空洞问题，表面上看虽然是由于媒体形态变化迅速而导致的现行管理体制缺位，深层次根源则是广告生态系统的环境适应功能障碍。

广告生态系统是传媒生态系统的子系统，广告生态系统本应当能够适应传媒生态系统的变化和发展。然而，实践表明，在广告生态系统的不同领域，适应的结果却并不均衡。

具体而言，在商业价值挖掘方面，广告生态系统表现出了很强的适应性和变化速度。我们看到，在新媒体领域，几乎是有什么样的媒体应用，就会迅速出现什么样的广告产品形态。近年来，新媒体广告整体规模也始终在不断扩大。

与此相反的是，根植于传统媒体环境下的广告管理系统对现阶段媒体变化的适应性较差。在制度建设层面，主要表现为法规更新滞后，法律空洞导致监管缺失。在结构体系层面，则表现为管理主体缺位，多头管理和无人负责的现象并存，对管理权争夺的背后是部门利益和行政权力分配的博弈。因此，原有广告管理体制在新媒体领域的种种不适应，不能简单归结为近年来新媒体产业的迅猛发展，而应当从固有系统主体关系失调造成的广告生态系统环境适应功能障碍这个角度去找原因。

五、制度体系的更新滞后源于系统的自我调节功能障碍

广告管理制度体系的作用有显性和隐性之分，显性作用体现在广告管理法

规法条体系的全面构建方面，隐性作用主要体现在广告的管理思想选择、管理技术更新和管理模式构建三个方面。当前，有效发挥制度体系的显性作用的前提是，广告管理法律法规应当随广告业的发展变化而不断调整，只有这样才能适应行业快速变化带来的监管工作需求，否则极易出现无法可依的行业监管真空地带。例如，1995年颁布的《广告法》作为我国广告业开展广告经营活动的首要依据，在颁布初期确实起到了令我国广告业有法可依、有法可循的作用，成为我国广告史上的重要里程碑。然而，随着广告业的生态环境发生剧烈变化，广告经营单位数量激增，媒体形式参差多样，出现的问题也千差万别，《广告法》不仅没有与时俱进，作出相应的调整，而且迟迟未就一些原则性法条出台解释细则，影响了执法的可操作性。这种情况下，其监管作用必然捉襟见肘。由法规滞后带来的管理空洞已经成为影响中国广告管理效能的重要因素。

此外，“《广告法》与专门法以及规范性文件之间存在内容不统一的交叉重叠现象”，这种广告管理制度的“多层次多维度体系造成了广告监管法律层面的繁杂庞冗、缺乏逻辑同一性”。[①] 类似观点在广告学界已经达成了共识，在本书第一章中也作了详细论述。

制度体系的隐性作用也同样有着重要的作用。首先，管理思想直接决定着管理体制的构建和效能的发挥，《人民日报》曾指出：“宇宙万物之中，没有一样东西能像陈旧的思想那样顽固；宇宙万物之中，也没有一样东西能像超越陈旧思想的追求那样富有魅力。”[②]广告管理亦是如此。首先，当前广告生态环境和传播方式的迅速变化，客观上必然要求更加具有创新性和前瞻性的管理思想来统领广告管理工作。其次，管理技术的更新决定着管理效能的强弱。我国现行的广告管理技术采用的是“多层批准”的人员执法方式，在技术上较为封闭，容易由于行政效率低下和管理人员广告专业素养缺乏而影响管理效果。最后，管理模式的构建决定了国家广告管理资源的合理配置，科学的管理模式能够带来事半功倍的效果。

综上所述，当前我国广告管理制度体系的完整性和适用性尚有很大提升空间，因管理政策和法规缺位而出现的管理空洞正随着广告生态环境的剧烈变化而日益凸显。发生这种现象的根源在于制度体系隐性作用层面的滞后，要解决

① 刘晓丹：《论我国广告监管体制革新》，《现代商贸工业》2009年第15期，第85—86页。

② 《美国军演明知是废牌 还打得热火朝天》，《人民日报》2012年8月12日。

这一问题，需要推动广告管理思想、技术和模式的全面升级。

总之，从广告生态系统层面分析，目前本书谈到的所有广告管理实践中出现的问题，本质上都源于生态系统出现的部分功能障碍。总体而言，是现阶段广告生态系统自我调节能力较差、系统主体关系失调的表现。

造成这种状况的核心原因在于，广告生态系统同时面对主体之间的内生矛盾和系统与环境之间的外在问题。内生矛盾方面，当代中国广告业经历了30年的超常规发展。有限的发展周期，不断扩大的产业规模，使得广告业无法经过长期实践而逐渐成熟，而是自发地构建起协调的系统结构和均衡的权力资源关系。因此，很多产业的基本问题没有时间自然理顺，导致系统主体之间的关系长期处于畸形发展状态，广告代理系统、制播系统、传受系统和管理系统等各子系统之间的关系失衡。外在问题方面，广告生态系统的健康发展还取决于其感知社会环境中其他相关系统变化，并通过自我调节进行适应的能力。当前，与广告生态系统相关的传媒、文化、经济、政治等生态系统都处于快速变化中，对这些外部环境的适应能力和适应速度将在很大程度上决定广告生态系统的发展现状和趋势。本书对于广告管理适应性的研究，只是广告生态系统适应和调节过程中诸多伴生性问题中的一个。

第二节　广告管理基础要素的更新

根据本书前几章的研究内容，我们看到，决定当前广告管理体系总体适应性的广告生态系统正在经历深刻变化。这些变化的动因，既有新媒体产业发展的影响和社会广告态度震荡在广告市场领域的映射，也有不同系统主体各自的变迁和彼此互动。如何认识并应对诸多因素之间存在的利益碰撞和力量博弈，将决定广告管理未来的演进方向。

按照本书的研究脉络（见图5—1），可以看出系统内不同主体各自的变迁方向以及在进行自身深刻变革的同时，它们也面临着在广告管理的灵活性、适应性和自我调整能力等方面的挑战。如前文所述，在这一背景下，困扰中国广告管理的核心问题在于，我们面对的是一个高速创新、日趋多元的行业，却始终在沿用一种滞后的管理手段。因此，面对广告行业的日益创新，广告管理只有进

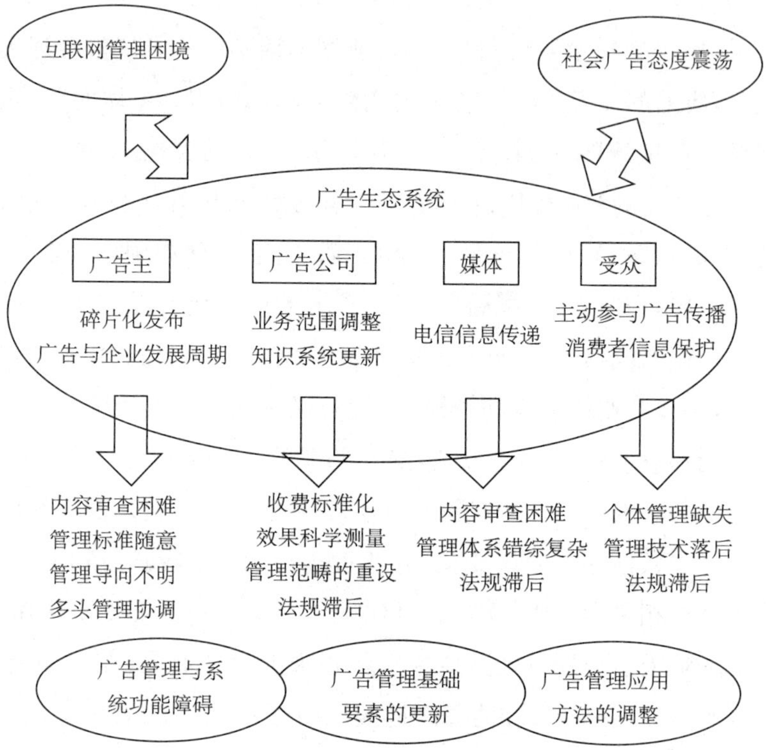

图 5—1　广告管理演进的研究脉络

行系统性的更新，才能有效地适应不断提升和变化的广告产业环境和管理能力要求。而且，由于广告生态系统的全方位变化已经成为不可回避的产业现实，我们对广告管理体系的研究也就必须突破传统聚集于某个热点进行专项研究的模式，而以把握广告管理的基础要素为重点来思考这一课题。

基于以上两点，本节将从广告管理思想、管理制度、管理技术和管理流程等层面进行分析，通过思考这些基础要素的更新方向，展望未来整个广告管理系统的发展和演进。

一、管理思想的更新

管理思想是广告管理的智慧基础，决定着广告管理体制的结构布局和功能划分，在广告管理活动中发挥着核心指导作用。管理思想的更新方向，决定着未来广告管理体制各环节的格局构建和关系调整。

现阶段广告管理思想更新的核心应该在于广告传播理念的全面更新。具体而言，广告管理思想的更新应当紧随广告生态系统的快速变化，努力适应新广告理念带来的新生态系统特点。针对前文论述的当前我国广告生态系统变迁特征，现阶段广告管理思想的更新主要包括以下两个方面。

(一)从“修补工程”到“新建工程”

当代广告管理体制基本确立至今，广告管理主要是针对广告实践活动中的具体问题和制度缺陷而进行的“小修小补”。例如，对于医药广告违法率居高不下的管理困局，主管部门从各自的业务范围出发，制定并出台了一系列相关的管理规定，力图解决药品广告的各种问题。① 出台新的管理办法，已经成为管理部门面对棘手问题时的指导思想，似乎只要如此处理，原先的管理漏洞就能够得到有效的弥补，且不会影响整个广告管理体制的正常运转。

应当明确的是，对于比较简单、稳定的广告环境，针对有限的管理问题和矛盾而进行“修补”的方法确实能够取得较为显著的效果。然而，在当前广告生态系统深刻变迁、各系统主体特征全面更新的环境中，针对某一具体问题的“补丁”式管理方法已经不能从根本上满足因系统环境变化而产生的新兴管理需求。以移动媒体广告与受众信息安全问题为例。如前文所述，由于导致这一问题的成因非常复杂，既涉及主管部门的职责明确和分工协调，又涉及广告传播领域个人信息保护的专项法规缺失，还与智能手机生产商与应用程序开发商的规范管理密切相关。在这种情况下，以修补为导向、仅以某个部门的名义出台相应管理办法的传统方式势必事倍功半。

因此，广告管理主体应当首先更新陈旧的“补丁”式管理思想，推动广告管理指导思想从“修补工程”向“新建工程”的升级。而“新建工程”的核心应该在于树立高屋建瓴的全局观念，拓宽视角，深入思考广告生态系统变迁产生的新领域、新趋势，从全方位、全系统、全流程的角度重新构建广告管理结构，更新广告管理系统。

具体而言，“全方位”是指广告管理要避免“一叶障目，不识泰山”的管理局

---

① 具体的管理规定包括以下 4 种：1995 年 3 月 22 日卫生部出台的《药品广告审查办法》；2002 年 8 月 4 日朱镕基总理颁布的《中华人民共和国药品管理法实施条例》；2005 年 12 月国家药品监督管理局出台的关于禁止处方药刊播广告的规定；2007 年卫生部颁布的《医疗广告管理办法》。

限，将每一个表现出的具体问题都当作冰山一角，在解决燃眉之急的同时，要深入思考其背后的根源和动因。例如，移动媒体垃圾短信问题，表面上看，是电信运营商管理松散，大量信息服务提供商违背社会基本公德而造成的信息传递混乱，实则在这一现象的背后，还有诸如手机广告管理主体缺位、管理法规空洞、缺乏前瞻性发展指引等多重原因。

“全系统”是指广告管理要充分考虑系统主体之间的互动和影响。在当前的广告生态系统变迁中，任何一个系统主体的变化都会对其他主体产生巨大的影响。上文提到的信息技术公司转型为广告公司，其所产生的影响并不局限于广告公司的业务范围和知识体系更新，还同时更新着传统媒体的信息发布模式，更直接与受众个人信息安全和隐私保护密切关联。

“全流程”是指要从整个广告传播流程的视角去思考广告管理的具体问题。一个广告传播流程往往涉及多个系统主体。不同系统主体归属于不同主管部门的传统“块块管理”模式的管理效率正在逐步弱化。例如，移动应用程序的内置广告管理不能仅仅问责于运营商或智能手机终端厂商，还应当考虑到广告主和应用程序开发商在其中的作用。只有掌握了信息源头，锁定了生产机构，才能清晰界定管理对象。

（二）从被动反应到主动适应

如前文所述，当前广告管理的出发点往往是在违法问题等广告市场乱象出现后作出被动反应，因而有一定的滞后性，缺乏对系统变化和产业发展动态的主动学习、趋势预判和理性适应。

这种被动反应的弊端之一，就是广告管理中长期存在“一放就乱，一乱就管，一管就死”的问题。而造成这一问题的关键因素，就是主管部门在来不及厘清问题来龙去脉的情况下仓皇应战，为解燃眉之急，就容易出现“全面禁止”、“叫停”等粗放式管理方法。

因此，主管部门应当时刻保持主动了解广告行业的热情，要从端正对广告业定位的认识、加快对业界实践动态的反应、拓宽对相关行业技术发展的涉猎和了解广告知识系统的全面更新这四个环节入手，变被动反应为主动适应。只有深刻了解广告业的发展趋势，才能从容理性地处理广告实践活动中的各类问题。

二、管理制度的更新

管理制度是广告管理的依据，在现行广告管理制度中，《广告法》的修订一直是专家学者和业界精英广泛关注的问题。通过本书的分析可以看出，当前修订《广告法》的重点不应当单纯侧重于弥补某方面的法律法规缺失，而应当将焦点锁定为如何解决广告生态系统变迁与制度更新滞后之间的矛盾。同时，由广告生态系统变迁导致的广告管理制度问题也绝不止《广告法》一例。从实践角度来说，我们也不可能奢望一部《广告法》就能够为所有广告管理行为提供依据，所以，未来中国广告管理制度层面的更新，核心是必须大力加强对法律精神的重视和传承。

之所以提出加强法律精神传承的呼吁，源于本书第四章对于广告管理主要问题的研究中所提及的管理随意性和不确定性等问题。例如，广播电视管理部门可以随意出台一纸禁令，宣布某一类型的电视广告全国停播，丝毫不考虑其中大部分电视广告的内容都已通过相关主管部门的审查，获得了播出许可的事实。

既然这些广告从法律层面和管理流程上都没有违反《广告法》中的相关规定，那么正常播出就属于企业的正当权益，理应有相应的广告管理制度对其进行保护。就算发现问题需要停播，也不应当以管理部门一纸文件的形式就粗放处理了之，而应当从调整《广告法》执行细则中的适用性条款入手，最大限度地维护法律的权威，尊重现行管理制度在管理活动中的地位。

由此可见，在当前广告管理实践中主管部门脱离广告管理制度约束，随意叫停广告的现象之所以常年存在，根源就在于广告管理三十多年的实践始终没有秉承基本的法治精神，因而管理标准多元、随意等无章法的混乱局面自然难以消除。

因此，无论是未来《广告法》的修订工作，还是其他管理制度的制定工作，都应当首先让每一位参与广告管理的人员明确：管理制度，尤其是相关法律，具有独立的至高无上的地位，是一个行业管理的根本标准。在广告市场中，各种角色都必须依循法律的规制进行活动。无论是广告系统主体的经营行为，还是政府主管部门的管理行为，都必须在法律的框架之内进行。只有依法经营、依法监管,才能最大限度地避免管理的随意性,维护合法经营者的正当权益。

对法律精神的强调,客观上要求广告管理部门要有更规范的操作流程,立法机构要有更系统的法律构想,执法部门要有更明确的法律依据。如果以这一标准要求,前文列举的广电总局由于中央号召勤俭节约而禁止礼品广告的行为,就需要首先修改广告内容审查制度的相关规定,确定禁令的日期,留出缓冲时间,而不应轻易限制那些已经通过合法内容审查并进入播放阶段的广告。这样才能最大限度地保护守法的广告主,避免殃及无辜。

此外,管理制度的更新还需要注意原则性条款与可执行细则之间的配合问题。现行《广告法》中有些条文偏重于倡议和呼吁,缺乏可执行性。如第八条规定:"广告不得损害未成年人和残疾人的身心健康",那么损害的标准是什么,哪些广告行为或广告内容会造成损害?损害的程度如何判断?这些问题在《广告法》中均没有详细论述。同时,关于违反此条应当如何处罚也没有具体的标准,罚则缺失直接造成了执法部门无法可依,从而造成了法律资源的浪费。前文论述的消费者信息保护制度也同样存在这一问题。

因此,管理制度的制定和实施,原则条款与操作细则缺一不可。前者重点强调法律精神,内容应当相对稳定;后者注重可执行度,内容可以随广告实践活动的变化进行适应性调整。

三、管理技术的更新

管理技术是广告管理的手段。前文已经论证了当前广告生态系统变迁中媒体技术革新的主要推动作用:新兴媒体技术在广告业务中的应用已经衍生出了多元形态的广告产品和创新型广告营销方式,针对这些新的广告业务而出现的管理混乱,在很大程度上源于管理者对新技术体系的陌生。例如,基于 SNS 社交网站的病毒式营销,凡客诚品凭借草根特征显著的"凡客体"创造了聚合型、可延展的参与式广告平台,在短时间内有大量受众争相参与、主动传播。对于此类广告,管理者如果不清楚 SNS 网站的聚合、参与特征,就很难对其进行有效的管理。与此类似的还有基于社会化媒体的广告、基于云技术的广告、基于数据挖掘的广告等等。

相比广告技术的不断翻新,管理技术的单一和滞后特征日趋明显。即使在数字电视平台上，管理者的广告监管方式依然沿用传统的监播方式，而基于EPG电子节目菜单的采集分析、各频道广告时段先时移保存再进行关键信息筛选等监管方式尚未发挥作用。广告经营者的技术已经进化为“坚船利炮”，而广告管理者却依然手持“大刀长矛”，管理技术层面的严重不对等，是新媒体环境下广告管理作用难以有效发挥的重要原因。

因此，管理者应当明确，技术作为一种手段和工具，没有群体属性，广告经营者可以使用，广告管理者也同样可以使用。而且在未来的广告管理更新中，管理者自身的技术提升是至关重要的基础性环节。

四、管理流程的更新

从第四章对于医药广告管理的研究结论可以看出，传统的广告管理流程具有明显的“单打一”、“一刀切”等粗放式管理痕迹，例如卫生部前领导曾提出的全面禁止医药商品广告的相关提议，就是个中代表。

如本书第三章所述，当前广告业的生态系统和业务链条正在经历全面的更新和深刻变革。其中既有广告内容和广告组织的变化，又有广告思想和广告受众的变化。迅速变革中产业问题的错综复杂和内生矛盾的不断发酵，决定了粗放式管理模式将越来越不适合未来的广告实践活动。在这种情况下，要实现广告的有效管理，就必须在管理流程上进行调整，将原先的行政命令式的上下级刻板管理流程，更新为以服务、协调、组织和监控为主的过程和活动。

言及其过程，就是要明确当前的广告管理不是静态的，而是具有与系统主体的深刻变迁密切相关的快速创新特征。管理流程的设计不能从经验出发、从理论出发，而应当从广告生态系统变化的实际特征和演进趋势出发，避免由于抱残守缺而导致管理失效。

言及其活动，就是要强调广告管理有主体、客体，是一个多元参与的结构。管理主体需要适应管理客体的变化和发展，进行有针对性的管理机制构建和调整。如果不考虑客体的变化和发展，自说自话地制定管理机制，就必然会影响主体和客体之间的有效互动，还有可能进一步产生主客体之间关系失衡、管理作用丧失等一系列不利影响。实现这一目标有以下两个关键要素。

一方面，未来的广告管理需要从“刚”到“柔”逐步过渡，要从思想的高度改变单打一的粗放式管理方法，灵活运用研讨型、评议型、协商型、服务型、合作型等多种方式，建立立体的、柔性的、多元相继的管理新机制。2012 年至 2013 年，国家药监局相继与即刻搜索、360 搜索和百度搜索合作，对上述互联网广告机构开放了包括药品数据库(包括 18 余万种国产和进口药品信息)、药品说明书范本数据库(包括近 6 000 种非处方药 OTC 化学药品说明书范本及中药说明书范本)，以及经过认证的可向个人售药的网站数据库在内的三个行业管理数据库。药品主管部门与新兴广告机构的数据库共享，意味着用户搜索药品时，可以通过通俗商品名、专业药品名、批准文号等多途径查询药监局认证的药品数据。这对于遏制互联网平台上的虚假药品广告，净化新媒体广告环境，实现消费者权益保护均具有积极意义。同时，这种主管部门深度介入广告业务经营，通过与经营机构共享数据库来提升广告管理效果的合作模式，也为服务型、合作型的柔性广告管理机制的探索提供了借鉴和参考。

另一方面，要努力实现广告管理流程的创新平衡。这种平衡首先就是包容与打击相平衡，一手包容，一手打击。哪些该包容，哪些该打击，必须首先明确，不能有模棱两可的中间地带。其次是扶持与抑制相平衡。例如，对广告一线的从业人员一定要扶持，对存在的问题要坚决抑制。例如，如果罚款的抑制力度不够，可以考虑停止媒体广告刊播权的处罚方式，提高违法成本，增强管理和处罚的威慑力。最后是要树立广告管理的超前意识，注重规范与引导、现实与预期的平衡。

第三节　广告管理应用方法的调整

上一节讨论了广告管理基础要素的更新，其中，广告思想、制度、技术、流程等领域变化带来的效果，最终需要通过应用方法进行验证。同时，本书第五章列举的广告管理显性问题也亟须有针对性的细分解决方案与之对应。因此，本节将重点结合广告管理问题，思考未来管理应用方法的调整方向。

一、广告管理方式调整："事后监管"与"全程控制"

如前文所述，广告生态系统变迁带来了海量的广告内容和多元的投放标准，而现有的广告内容审查制度由于存在独立性差、以传统媒体为阵地等缺陷而无法保证广告内容的事前监管效果，对问题广告的处理往往以事后监管为主。然而，以信息传播速度和信息处理能力而言，事后监管行为介入前违法广告往往已经造成了较为严重的社会影响，从监管程序启动到行政主管部门介入，中间有较长的管理周期。

例如，2013 年 1 月 31 日，由于涉嫌虚假宣传，广州市中级人民法院对加多宝下达了诉中禁令并宣布即日生效。然而，我们通过对浙江卫视、江苏卫视等国内主流省级卫视频道的新年贺岁栏目观察发现，本该即刻暂停的违规广告依然在反复播出，涉嫌误导消费者的"全国销量领先的红罐凉茶改名加多宝……"等广告语也并未从媒体中消失，法院的禁令形同虚设。这种判而不罚的情况一直持续到同年 2 月 20 日，广州市工商执法人员才查封了 58 500 箱印有侵权广告的加多宝凉茶。[①] 以现在信息传播的便利程度，对于违法广告的事后监管却无端延后了 20 天，充分暴露了事后监管方式的乏力。

管理学将控制系统的类型分为前馈控制、并行控制和反馈控制。以此为原则来思考广告监管方式，前馈控制主要以广告审查制度为主，并行控制主要以媒体自查为土，反馈控制主要以社会监督力量的投诉和反应为主。由于负责投诉信息采集的消费者协会和广告行业组织都没有行政处置权，造成了反馈链条过长、执法效率低下等问题。因此，积极改革前馈控制环节，加强面向新媒体平台的并行控制，构建全程控制的广告监管方式，是新的广告生态系统管理的有效措施。一方面，信息传播技术的演进给予了我们实时监控媒体信息流动的可能，网络舆情分析系统和可寻址媒体技术能够实时扫描和发现新媒体平台上涉嫌违法的广告内容；另一方面，随着行业主导作用在广告管理中的日益强化，广告审查机构和非政府广告组织的独立性正在逐步建立。这些进步有助于改善目前前馈控制和反馈控制环节监管乏力的现象，对于快速变化的广告生态系统而言，全程控制系统的确立有助于最大限度地减少违法广告的数量和传播范围。

---

① 数据来源：中金在线。"加多宝凉茶涉嫌虚假宣传，多地工商依法查处违规产品"，2013 年 2 月 25 日。

二、广告管理系统调整:“纸质管理”与“技术系统”

第五章在论述媒体的广告管理时专门强调了以互联网为代表的新媒体平台具有“海量内容更新、无限广告载体和强大信息能力”三个特征,这些变化对面向传统媒体的广告管理系统提出了严峻的考验:一方面,广告的规模和数量现在趋近于无限,那种逐条审查的传统方式难免会力不从心。另一方面,供内容审查的广告不再以脚本、文案和图片等纸质状态存在,而是以高度数字化的形态分散存在于互联网的各个角落,数字化、碎片化的形态在很大程度上影响了纸质管理方式的有效发挥。

但无论数字媒体平台的广告形态如何千变万化,当前广告管理需要解决的核心问题首先是面向海量数据管理能力不足的问题,广告管理主体还延续着对有限媒体资源和广告内容的审查和管理方式缺乏适应新技术的系统升级思考。因此,当前广告管理系统亟待提升面向海量数据的管理能力,完成广告管理从“纸质管理”向“技术系统”的升级。

具体而言,广告管理机构和部门应当根据自身的管理范围和管理功能来搭建相关的技术系统,与当前管理对象的海量数据存储能力、编辑能力和分发能力相匹配,通过搭建先进的技术系统来全面提升自身面向海量数据的分析能力,搭建适应海量广告资源的监督、管理需求的广告管理平台。

例如,广电媒体管理部门应当针对当前广电媒体数字化整体转换的进程来重新搭建面向数字电视、数字广播和移动多媒体广播等广电新媒体的广告管理系统。同理,针对互联网和手机广告,网络视频机构、手机应用提供商等机构都已经建立了适应碎片化发布和精准传播的数据库和发布系统,主管部门只有通过建立与广告经营机构对等的技术系统,才能确保管理效率,实现管理效果。

由此可见,当前解决海量广告信息控制问题的重点,是在熟悉相关技术特征的前提下,针对不同的广告类型建立有针对性的管理技术平台。例如,针对社会化媒体广告的传播特征,建立“社会化管理平台”,与主要微博平台实现数据对接,在系统后台进行实时的广告内容监督和违法内容取证、上报。此外,应当充分重视云技术、数据挖掘等创新型技术在广告管理中的应用,可以考虑通过搭建云技术管理实验平台或设立基于大数据技术的广告管理系统等方式,测试新兴技术在广告管理中的作用和价值，力求在技术系统的构建上与业界发展的速率同步。只有在技术对等的情况下才谈得上广告管理的效果。

三、广告管理依据调整："判定标准"与"监测手段"

前文中不止一次论述了新媒体广告领域存在的"垃圾短信"和消费者信息保护等广告管理问题。造成这一现象的原因固然较为复杂，但究其根源，广告管理依据的缺失无疑是最为主要的原因。由于缺乏判定标准，在广告管理实践中往往很难准确判断违法广告侵犯消费者信息的程度，也难以客观评估和确定受害人的损失和赔偿程度。此外，对于移动媒体领域存在的"垃圾短信"问题，由于缺乏对广告信息是不是"垃圾"的明确判定标准，因而管理的随意性较强，要么放任不管，要么全面禁止。其实从本质上而言，广告是一种信息服务，服务的效果应当以受众是否需要为判定标准，有用的广告信息对于受众自有其存在的意义和价值。因此，应当建立明确的判定标准，进行有效的区分和管理。

从管理法规的角度分析，个人信息安全问题不是广告领域的专有问题，当前社会环境下，电信机构、金融机构、中介机构乃至快递行业都可能造成个人信息的大量泄露。目前我国涉及个人信息保护的法律虽多，但存在着相关规定条款过于分散、操作性不强的立法特征，结果导致执法过程中判定标准和处罚方式难以统一，受害者往往由于维权成本高、取证难等问题而最终无法得到应有的赔偿。同时，针对具体行业的个人信息保护法规严重缺失。因此，应当针对行业的各自特点，尽快制定、出台有针对性的消费者信息保护法律，以加强个人信息安全管理的制度保障。

综上，当前广告对目标消费者行为的把握和追踪已经从传统的市场营销抽样调查升级为基于可寻址媒体技术的持续性内容分析和行为监测。技术的发展历来是柄双刃剑，在新技术为广告活动打开一扇新窗户的同时，我们也要考虑到这个行业的整体社会形象和消费者信息安全底线。

从广告管理的角度上看，由于个人信息泄露很可能直接导致垃圾短信、虚假广告等违法行为，因此，当前的广告管理工作应当从制度层面、管理技术层面和执法操作层面全面加强消费者个人信息安全管理。具体而言，包括消费者个人隐私数据的范围界定；广告使用消费者个人信息的边界；个人信息在广告传播中的呈现方式以及违反个人信息保护应当给予的惩罚等。只有这样，才能确保新技术环境下广告生态系统的规范管理和健康发展。

四、广告管理结构调整："政府主导"与"行业联动"

以广告行政管理系统为主体是我国广告管理体制的主要特征。从前文对广告生态系统发展与广告管理成形的研究中可以看出，在我国广告业复苏初期，行政主导型广告管理体制确实较为适宜，因为当时广告业的从业主体、业务范围和媒体环境都较为简单，行业规模非常有限。薄弱的行业基础决定了中国广告业无法在一开始就效仿美国、日本等广告发达国家，建立以行业自律为主，政府服务监督为辅的广告管理体制。因此，在当代广告业发展初期，以政府主管部门为管理主体的广告管理体制符合我国广告业发展的现实情况。

然而，从 1979 年到 2012 年，已过"而立之年"的我国广告业迅速发展，从 1.25 亿元年营业额发展到 4 698 亿元的产业规模，从初期仅有十几家美术设计公司发展到 2012 年各种类型的广告公司总数达 377 778 家，在保持迅猛发展的同时，广告业也在逐渐走向成熟。一方面，广告业面对的生态环境复杂度日益增加，广告信息搭载新媒体平台，能够实现时间短、范围广、影响大的传播，从而在很大程度上增加了管理主体第一时间感知和把握广告传播活动的难度。另一方面，广告的行业组织和监督机构已经逐渐发育成形，在广告业发展中的作用逐渐显现。中国广告协会在确定从业资格、开展学术研究和推动行业交流等领域作出了巨大贡献，其自身也形成了较为完整的人才体系和部门构成，客观上具备了更进一步参与广告管理的基础条件。此外，2013 年 3 月 17 日，国务院总理李克强在出席十二届全国人大一次会议记者会时提出，要"把错装在政府身上的手换成市场的手"。由此可见，在当前广告管理领域，生态环境不确定性的提高，客观上要求我们推动管理权力从政府部门层面向行业组织层面转移。

管理学将环境不确定性定义为：由于缺乏外部环境如何存在与发展的完整信息，从而很难分析相关支持者的需求、预测未来的事态并弄清其包含的潜在暗示。当前广告业矛盾的日益增多，很大程度上加大了广告管理系统外部环境的不确定性。从理论上讲，环境的不确定性越高，管理系统的组织设计和实际工作对灵活性和适应性的要求就越高，管理组织必须能够对出现的新环境和可利用的信息作出迅速反应。然而，正如前文所述，当前的广告管理，面对的是一个环境变化快和复杂度高的广告生态系统，这导致置身于产业运转之外的广告管理主体难以像从前那样感知产业变化的细节、把握全局。感知能力的下降，直接带来了当前广告管理体制中信息筛选功能、系统反馈功能和环境适应功能的障碍，进而极大地制约了广告管理效果的实现。

广告管理主体结构由单纯的政府管理模式向行业联动模式的调整，不单是为了实现管理权力的转移，更重要的是为了加强管理者在广告系统的快速更新中把握变化趋势的能力。因此，应当采取渐进过渡的方式，积极与广告业的优势力量合作，发挥行业自律组织的智库作用，加强非政府主体参与广告管理的力度，逐步剥离政府的行政管理职能。

具体而言，一方面，广告法规的修改和完善要对广告行业协会等行业组织的职能和独立性予以法律层面的清晰界定。另一方面，广告管理部门应积极与新兴广告业机构建立管理同盟，邀请业界专家参与日常的广告管理工作，在强化自身行业知识的同时，帮助探索更符合行业变化特征的管理模式。

总之，本章我们以前文广告生态系统变迁特征研究和广告管理显性问题思考得出的相关结论为基础，首先从广告生态系统的研究视角反思了当前广告管理系统在主体结构、信息筛选、系统反馈、环境适应等方面存在的系统功能障碍。这些障碍的存在，是导致现阶段广告管理问题的重要原因。解决这些问题，不能仅仅依靠具体管理领域的小修小补，而是必须对整个广告管理系统进行全面更新和升级。因此，本章后两节分别从广告管理基础要素和广告管理应用方法层面，探讨了未来三至五年广告管理演进的方向和路径。

纵观全书，我们以广告生态系统的发展变迁为主线，首先深入梳理和分析了广告管理在广告生态系统发展中从最初出现、日趋丰富到基本成形的演进路线。随后结合广告生态系统的变迁特征，讨论了广告管理与广告生态系统的相互影响，并具体分析了现阶段广告管理的显性问题。最终，就未来广告管理的演进方向进行了思考和讨论。通过研究可以发现，现阶段困扰中国广告管理的根本问题在于意识陈旧，组织僵化，难以应对由广告生态系统的超常规发展以及系统主体不断分化而导致的管理体制调整滞后的问题。因此，广告管理系统升级的核心，不在于管理方法和结构等领域的局部更新，而在于管理思想等基础层面的系统性升级。或者也可以说，不止是广告管理，整个广告业，甚至其他创新型产业的升级和发展，都应当以此为鉴，在关注具体产业问题的同时，不忘从全面更新行业惯性思维和陈旧思想的层面入手，结合经济、社会、文化乃至政治等相关系统的重大战略动向，重新思考、认识、部署行业的发展趋势和演进路径。

附录:广告监督管理大事记[①]

1978 年 9 月,国家工商行政管理局恢复成立。

1979 年 11 月,中央宣传部发出《关于报刊、广播、电视台刊登和播放外国商品广告的通知》。

1980 年 5 月,中共北京市委批转北京市委宣传部《关于目前广告工作中存在的问题及改进意见的报告》。

1982 年 2 月,国务院颁布《广告管理暂行条例》。

1982 年 4 月,全国广告工作会议在北京召开。

1982 年 4 月,国家工商局制定《广告管理暂行条例实施细则》。

1982 年 6 月,国家工商局下发《关于整顿广告工作的意见》。

1982 年 12 月,北京市委宣传部对西单商场、百货大楼等单位承接外商橱窗广告的请示报告给予批复。

1983 年 9 月,经国家统计局同意,国家工商局印发《广告经营统计表》。

1983 年 10 月,财政部、国家工商局发出《关于企业广告费用开支问题的若干规定》。

1984 年 3 月,国家工商局发出《关于烟酒广告和代理国内广告业务收取手续费问题的通知》。

1984 年 4 月,国家工商局、文化部等四部门联合发出《关于文化、教育、卫生、社会广告管理的通知》。

1984 年 5 月,国家工商局等五部委联合发出《关于加强对各种奖券广告管理的通知》。

1984 年 7 月,北京市政府决定对全市户外广告进行清理整顿。

---

① 本附录在中国传媒大学广告学院刘林清教授提供的资料《广告大事典》基础上整理完成,在此表示感谢。

1984 年 9 月，国务院颁布《中华人民共和国药品管理法》。

1984 年 10 月，北京市政府颁布《北京市广告管理试行办法》。

1984 年 10 月至 12 月，北京市工商局着重对虚假广告进行清理。

1985 年初，国家工商行政管理局发出通知，要求对虚假广告进行认真的检查和清理。

1985 年 5 月，国家工商局等三部门发布《关于报纸、书刊、电台、电视台经营刊播广告有关问题的通知》。

1985 年 10 月，北京市委宣传部向市委领导上报《关于调整和整顿本市广告的报告》。

1985 年 11 月，国务院办公厅下发《关于加强广告宣传管理的通知》。

1986 年 1 月，国家工商局发出《关于清理广告宣传、整顿广告经营的几点意见》。

1986 年 7 月 19 日，国家工商局转发北京市工商局《广告经营单位的审批程序》。

1986 年 9 月，北京市政府决定对全市户外广告进行较大的调整。

1986 年 11 月，国家工商局、国家体委联合发布《关于加强体育广告管理的暂行规定》。

1986 年 11 月，国家工商局、国家体育运动委员会发布《关于加强体育广告管理的暂行规定》。

1987 年 3 月，卫生部、国家工商局等四部门联合发出《关于进一步加强药品广告宣传管理的通知》。

1987 年 7 月，中共北京市委办公厅、北京市人民政府办公厅转发市委宣传部《关于首都机场、北京火车站、东西长安街干线政治环境建设的意见》。

1987 年 8 月，国家工商局对国家体委《关于港京汽车拉力赛广告问题》作出批复。

1987 年 9 月，国家工商局发出《关于电视节目播出时禁止叠现广告字幕和画面的通知》。

1987 年 12 月 1 日，国务院颁布的《广告管理条例》开始正式施行。

1987 年 12 月，国家工商局、国家医药管理局发出《关于加强五种医疗器械产品广告管理的通知》。

1988 年 1 月,国家工商局发布《广告管理条例施行细则》。

1988 年 1 月,广电部、国家工商局联合发出《关于进一步加强电视广告宣传管理的通知》。

1988 年 5 月,北京市工商局对已制定的《广告经营单位的审批程序》进行了完善和修改。

1989 年 1 月,国家工商局发出《关于禁止刊登“电子自卫器”等保安防伪器械广告的通知》。

1989 年 6 月,国家工商局发出《关于严禁新闻出版单位所谓记者站、办事处经营广告业务的通知》。

1990 年 9 月,为迎接第十一届亚运会,北京市工商局全面检查广告。

1990 年 9 月,亚运会胜利闭幕,历时一年半的亚运会集资设置户外广告工作也由此结束。

1991 年 3 月,国家工商局印发《“八五”时期工商行政管理工作要点》。

1991 年 3 月,国家工商局印发《“八五”时期工作要点》。

1991 年 5 月,国家工商局特别重申,严禁新闻单位以新闻报道形式刊播广告,严禁新闻记者从事广告承揽活动。

1991 年,北京市工商局在全市广告经营单位中大力实行广告业务员制度。

1992 年 6 月,国家工商局、卫生部发布《药品广告管理办法》。

1992 年 7 月,国家工商局发出《关于坚决制止利用广播、电视、报纸、期刊刊播烟草广告的通知》。

1992 年 8 月,国家工商局发布《医疗器械广告管理办法》。

1993 年 5 月,北京市工商局制定《北京市户外广告管理办法》。

1993 年 7 月,国家工商局、国家计委联合下发《关于加快广告业发展的规划纲要》。

1993 年 7 月,国家工商局印发《关于在部分城市进行广告代理制和广告发布前审查试点工作的意见》及四个附件。

1993 年 7 月,按国家工商局的部署,北京市工商局查处为“长城”公司刊登广告和新闻宣传的媒介。

1993 年 8 月,国家工商局发布《食品广告管理办法》。

1993 年 9 月,国家工商局、卫生部发布《医疗广告管理办法》。

1993 年 10 月，国家工商局发出《关于进一步加强药品广告管理的通知》。

1994 年 9 月，国务院召开加强药品管理工作的紧急电话会议，部署进一步加强药品管理的工作。

1994 年 10 月 19 日，国家工商局发出《关于进一步加强药品市场管理工作的通知》。

1994 年 10 月 27 日，《中华人民共和国广告法》经第八届全国人民代表大会常务委员会第十次会议通过，并于 1995 年 2 月 1 日起正式施行。

1994 年 11 月，国家工商局、外经贸部联合颁布《关于设立外商投资广告企业的若干规定》。

1995 年 3 月，国家工商局、卫生部、国家医药局、农业部分别制定《药品广告审查办法》《药品广告审查标准》《医疗器械广告审查办法》《医疗器械广告审查标准》《农药广告审查办法》《农药广告审查标准》《兽药广告审查办法》《兽药广告审查标准》。

1995 年 4 月，北京市工商局按照市政府领导的指示，暂停全市广告经营企业登记注册工作。

1995 年 11 月，国家工商局制定《酒类广告管理办法》。

1996 年 1 月，国家工商局发出《关于暂停大型广告显示屏审批登记等事项的紧急通知》。

1996 年 2 月，国家工商局发布《广告显示屏管理办法》。

1996 年 7 月，国家工商局制定、印发了《广告审查员管理办法》。

1996 年 7 月，国家工商局发出《关于规范广告检测规律的通知》。

1996 年 8 月，北京市工商局召开“中华好风尚”主题公益广告月动员大会。

1997 年北京市市政管委制定《北京市户外广告设置管理若干规定》。

1997 年 2 月，国家工商局发出《关于制止调查采访形式广告的通知》。

1997 年 2 月 1 日，国家工商局制定的《房地产广告发布暂行规定》开始施行。

1997 年 2 月 19 日，国家广电部发出《进一步加强广播电视广告宣传管理的通知》。

1997 年 4 月，国家工商局决定在全国范围内开展“自强创辉煌”主题公益广告月活动。

1997 年 5 月,北京市委宣传部、北京市工商局、北京广告协会决定,在北京地区广告行业中开展争创“广告行业精神文明先进单位”活动。

1997 年 12 月 16 日,国家工商局制定《广告活动道德规范》。

1998 年北京市开展“改革开放、走向辉煌”主题公益广告活动。

1998 年 9 月,国家工商局发出《关于加强电视直销广告管理的通知》。

1998 年 11 月,经北京市人民政府批准,《北京市户外广告管理规定》开始正式施行。

1999 年 6 月,北京市工商局对中央电视台、北京电视台等五家单位当年发布的电视直销广告进行专项检查。

从 2000 年 1 月起,北京市工商局对全市广告经营单位进行专项检查,并在此基础上换发《广告经营许可证》。

2000 年 5 月,北京市工商局对网络广告经营者的经营资格作出具体规定。

2000 年,北京市工商局在全市组织开展“树立新风尚、迈向新世纪”主题公益广告活动。

2001 年 2 月,国家工商局、广电总局、新闻出版署联合发出《关于进一步加强对大众传播媒介广告宣传管理的通知》。

在 2001—2002 年度全国优秀公益广告作品评选中,北京市工商局选送了 80 件作品参加评选,有 25 件作品获奖,占全国获奖作品总数的 34%。

2002 年 3 月,北京市工商局开展以公民道德为主题的公益广告活动。

2002 年 5 月,国家工商总局发出《关于规范声讯服务广告的通知》。

2003 年 4 月 19 日,国家工商总局发出《关于切实加强市场监管严厉查处利用防治“非典”名义从事违法经营活动的紧急通知》。

2003 年 4 月 21 日,国家发改委、卫生部、国家工商总局等五部委联合发出《关于加强防治非典型肺炎药品监督和管理工作的紧急通知》。

2003 年 4 月,在“非典”疫情期间,北京市工商局要求各区、县工商分局把户外广告、印刷品广告、店堂广告作为监管重点,加强对广告市场的巡查和监测,对违法虚假广告做到及时发现、及时处理。

2003 年 5 月 13 日,国家工商总局发出《关于在防治“非典”期间依法从重从快处理一批性质严重的违法案件的通知》。

2003 年,北京市工商局对重点媒介进行广告监测。

2003 年 9 月 24 日，国家广电总局以总局令的形式颁发《广播电视广告播放管理暂行办法》(简称 17 号令)。

2003 年年底以后，国家广电总局颁布一系列规定，有效制止了以往虚高刊例、时长猛涨的现象。

2004 年 1 月 1 日，《广播电视广告播放管理暂行办法》正式实施。

2004 年 1 月 1 日，国家工商总局、商务部就香港和澳门投资者投资广告业作出补充规定。

2004 年 3 月，国家工商总局、商务部公布《外商投资广告企业管理规定》。

2004 年 4 月，国家工商总局等四部委联合发出《关于清理含有不良内容广告的通知》。

2004 年 5 月 10 日和 11 日，《人民日报》《光明日报》《经济日报》分别刊登公告，决定取消刊登形象广告。

2004 年 6 月 25 日，国家广电总局、国家工商总局联合发出《关于加强影片贴片广告管理的通知》。

2004 年 9 月 28 日，北京市工商局广告监管系统正式启动。

2004 年 11 月 28 日，广电总局和商务部联合颁布的《中外合资、合作广播电视节目制作经营企业管理暂行规定》(44 号令)开始实施。

2004 年 11 月 30 日，国家工商总局公布修改后的《印刷品广告管理办法》；国家工商总局重新颁布修改后的《广告经营许可证管理办法》《印刷品广告管理办法》《广告管理条例施行细则》，以加强对广告经营的监督管理。三项法规均于 2005 年 1 月 1 日起正式实施。

2005 年 1 月，国家工商总局、信息产业部联合发出《关于禁止发布含有不良内容声讯、短信息等电信信息服务广告的通知》。

2005 年 2 月，北京市市政管理委员会发布《北京市标语和宣传品设置规范(试行)》和《北京市牌匾标识设置管理规范(试行)》两个规章。

2005 年 3 月，北京市工商局等单位在全市范围内征集以“构建社会主义和谐社会、诚实守信和未成年人思想道德建设”为主题的公益广告作品。

2005 年 8 月 29 日，国家广电总局向各省、自治区、直辖市广播影视局(厅)发出《广电总局关于禁止播出虚假违法广告和电视“挂角广告”、游动字幕广告的通知》。

2005年,国家工商总局、中宣部等十一部委开展声势浩大的虚假违法广告专项整治。

2006年4月,国家工商总局、商务部联合发出《关于外国投资者通过股权并购举办外商投资广告企业有关问题的通知》。

2006年7月,国家广电总局、国家工商总局决定对广播电视医疗资讯服务和电视购物节目进行整顿。

2006年8月23日,国家工商总局发出通知,要求各级工商机关认真贯彻《国务院办公厅关于印发全国整顿和规范药品市场秩序专项行动方案的通知》,深入开展整治虚假违法药品广告工作。

2006年9月12日,国家工商行政管理总局和中央精神文明建设指导委员会办公室共同发布《关于开展第七届(2005—2006)年度全国优秀公益广告作品评选工作的通知》。

2006年11月10日,国家工商行政管理总局和卫生部决定修改《医疗广告管理办法》,并予公布,自2007年1月1日起施行。

2007年1月30日,整治虚假违法广告专项行动部际联席会议在国家工商总局举行。

2007年1月,国家工商总局、卫生部发布违法医疗广告公告。

2007年1月,国家食品药品监督管理局发布《2006年第四期违法医疗器械广告公告》。

2007年1月,国务院通知要求加强民办高校广告管理。

2007年2月,国家工商行政管理总局出台贯彻落实《中共中央国务院关于积极发展现代农业,扎实推进社会主义新农村建设的若干意见》。

2007年2月,国家食品药品监督管理局公布2006年第四期违法药品,共有20个广告违法情节严重的药品。

2007年2月15日,国家食品药品监督管理局、中华人民共和国卫生部公布《第十六批允许发布处方药广告的医学药学专业刊物的通知》。

2007年2月25日,卫生部严厉谴责冒名发布肿瘤药品的广告行为。

2007年3月,国家工商行政管理总局、国家食品药品监督管理局发布第27号令——《药品广告审查发布标准》。

2007年3月1日,国家工商行政管理总局、国家食品药品监督管理局联合发布公告，严惩违法药品和医疗器械广告。

2007 年 3 月，两会代表话广告。

2007 年 3 月 15 日，国家食品药品监督管理局和国家工商行政管理总局共同发布新的《药品广告审查办法》。

2007 年 3 月 16 日，国家工商行政管理总局发布《关于进一步规范固定形式印刷品广告经营发布行为的通知》。

2007 年 4 月下旬，国家工商总局对房地产市场秩序进行专项整治。

2007 年 4 月，国家广播电影电视总局要求全面抵制低俗之风。

2007 年 4 月，北京市东城分局广告科编制《违法广告处罚速查一览表》，以保证广告监管准确到位。

2007 年 4 月 5 日，国家食品药品监督管理局发布《关于贯彻实施药品广告审查办法和药品广告审查发布标准的通知》，将于 2007 年 5 月 1 日执行。

2007 年 4 月，国家工商行政管理总局发布 2007 年第一季度违法广告公告。

2007 年 4 月 19—20 日，全国药品广告监督管理工作培训会议召开。

2007 年 4 月，国家工商行政管理总局、国家食品药品监督管理局发布一批违法广告。

2007 年 5 月 8 日起，北京市教委发布的《北京市民办高等教育机构招生简章和广告备案管理办法(试行)》开始实施。

2007 年 5 月 28 日，国家食品药品监督管理局发布《关于印发 2007 年第一期违法药品广告公告汇总的通知》。

2007 年 5 月 28 日，国家食品药品监督管理局制定《保健食品命名规定(试行)》。

2007 年 6 月 13 日，国家食品药品监督管理局发布《关于印发 2007 年第一期违法医疗器械广告公告汇总的通知》，部署艾滋病用品广告监管，违法宣传将受罚。

2007 年 6 月 15 日，国家工商行政管理总局发布《关于禁止利用党和国家领导人的形象作商业促销宣传的通知》。

2007 年，北京市工商局公布 6 月份北京市广告监测情况。

2007 年 7 月 13 日，国家食品药品监督管理局发布《关于发布 2007 年第 1 期违法保健食品广告公告汇总的通知》(国食药监市[2007]428 号)。

2007 年 7 月下旬，中央宣传部、国家广电总局、新闻出版总署就北京电视台播发虚假新闻向各省、自治区、直辖市和新疆生产建设兵团党委宣传部、广电厅（局）、新闻出版局，中央各主要新闻单位发出通报。

2007 年 7 月 30 日，国家广播电影电视总局发布《关于进一步加强广播电视广告播放管理工作的通知》。

据上海市工商局统计，2007 年上半年上海主要大众媒体发布的医药保健类广告违法率明显下降。

2007 年 7 月 31 日，国家工商行政管理总局发布全国广告监督管理基本情况文件。

2007 年 8 月，国家工商行政管理总局公布第二季度违法广告公告。

2007 年 8 月 7 日，信产部宣布从即日起对 SP 在电视台、广播电台开展的互动节目进行清理整顿，未经备案或存在违规行为的 SP 将被停业整顿，典型违规案例将被公开曝光。

2007 年 8 月 13 日，北京奥组委市场开发部副部长陈锋表示，在 2008 年奥运会比赛期间，禁止参赛运动员为非奥运会赞助企业做广告，同时防止观众在奥运场馆内从事隐性市场行为。

2007 年 8 月 15 日，北京市工商局在其官方网站发布《关于手机广告中“待机时间”的审查提示》。

2007 年 8 月 21 日，天津市工商局“12315 开放日”活动围绕“黑劳务中介”、网上及电视直销的虚假广告等问题为公众提供咨询服务。

2007 年 9 月 1 日，国家工商行政管理总局发布《关于开展打击“傍名牌”不正当竞争行为专项执法行动的通知》。

2007 年 9 月 1 日上午，北京市召开“产品质量和食品安全专项整治动员部署大会”。

2007 年 9 月 11 日，国家工商行政管理总局发布《关于集中整治药品、保健食品、医疗广告的通知》（工商广字[2007]194 号）。

2007 年 9 月 17 日，国家工商行政总局发布《关于处置非法集资活动中加强广告审查和监管工作有关问题的通知》。

2007 年 9 月 25 日，国家广电总局大力整顿不良广告，严令禁播“八类涉性广告”。

2007 年 9 月 25 日，上海市工商部门对查处的八则典型虚假广告案件进行公示。

2007 年 9 月 26 日，国家工商行政管理总局发布《关于加强集邮票品广告管理有关问题的通知》。

2007 年 10 月 10 日上午，卫生部召开例行新闻发布会，出台《全国卫生部门应急管理工作的规范》。

2007 年 10 月 11 日，国家食品药品监督管理局发布《关于发布 2007 年第 2 期违法医疗器械广告公告汇总的通知》(国食药监市[2007]660 号)。

2007 年 10 月 15 日，国家食品药品监督管理局发布《关于做好药品和保健食品广告集中整治工作的通知》(国食药监市[2007]626 号)。

2007 年 10 月 16 日，国家食品药品监督管理局发布《关于印发药品、医疗器械、保健食品广告发布企业信用管理办法的通知》(国食药监市[2007]625)。

2007 年 10 月 31 日，国家食品药品监督管理局发布《关于发布 2007 年第 2 期违法药品广告公告汇总的通知》(国食药监市[2007]661 号)。

2007 年 11 月 6 日，国家工商行政管理总局发布《建立广告案件查办落实情况报告制度》。

2007 年 11 月 18 日，国家工商总局和新闻出版总署发出通知，依法暂停 4 家报纸发布药品、医疗、保健食品广告的权利，对其进行通报批评，并责成其进行内部整顿。

2007 年 11 月 27 日，国家工商行政管理总局等单位发布《关于进一步治理整顿非法“性药品”广告和性病治疗广告的通知》(工商广字[2007]266 号)。

2007 年 12 月 4 日，北京市工商局召开全市各分局广告科负责人会议。

2007 年 12 月，广东省工商局制定措施，对经营性网站发布的广告进行监督管理。

2007 年 12 月 6 日，国家广电电影电视总局向各省、自治区、直辖市广播影视局发出《广电总局关于加强车载、楼宇等公共视听载体管理的通知》。

2007 年 12 月 6 日，上海市召开整治虚假违法广告专项行动联席会议。

2007 年 12 月 7 日，深圳市工商局广告处召开治理整顿网上非法“性药品”广告和性病治疗广告工作联席会议。

2007 年 12 月 7 日，东城、宣武、丰台工商分局召集辖区工商所、广告公司、报刊杂志、网络媒体等单位。

2007 年 12 月 19 日,广东省召开“网络媒体整治虚假违法广告专项行动动员大会”。南方新闻网副总经理林伟名代表广东省网络媒体宣读了《拒绝发布虚假违法广告倡议书》。

2008 年 8 月 22 日,国家工商行政管理总局、商务部令第 35 号发布《外商投资广告企业管理规定》。

2009 年 9 月 8 日,广电总局发布《广播电视广告管理办法》,宣布 2010 年 1 月 1 日开始实施。

2010 年 8 月 12 日,《广州市户外广告和招牌设置管理办法》正式施行。

2010 年 9 月 1 日,长沙市户外广告设置管理办法开始施行。

2010 年 9 月 28 日,济南市人民代表大会常务委员会通过《济南市户外广告设置管理条例》。

2010 年 12 月 28 日,《上海市流动户外广告设置管理规定》于市政府第 93 次常务会议通过,自 2011 年 1 月 1 日起施行。

2011 年 3 月 23 日,广东省工商行政管理局发布 2010 年违法广告公告。

2011 年 11 月 21 日,国家广电总局局务会议审议通过《〈广播电视广告播出管理办法〉的补充规定》,自 2012 年 1 月 1 日起施行。

2012 年 1 月 17 日,《江苏省高速公路沿线广告设施管理办法》经省政府第 83 次常务会议通过,以省政府第 78 号令颁布。

2012 年 7 月 5 日,北京市卫生局、北京市中医管理局印发《2012 年打击违法发布医疗广告专项整治工作方案》。

2012 年 9 月 21 日,山西省卫生厅印发《2012 年整治虚假违法医疗广告专项行动实施方案》。

2013 年 4 月 17 日,广东省政府正式发布《广东省户外广告管理规定》。

参考文献

一、国内著作

周茂君:《中国广告管理体制研究》,人民出版社 2012 年版。

刘凡:《基于公众利益的中国广告监管》,中国工商出版社 2007 年版。

徐卫华:《中国广告管理体制研究:基于国家与社会关系框架》,岳麓书社 2009 年版。

周茂君:《广告经营与管理教程》,武汉大学出版社 2011 年版。

张大镇、吕蓉:《现代广告管理》,复旦大学出版社 2004 年版。

刘林清、陈季修:《广告管理》,中国财政经济出版社 1989 年版。

周茂君:《广告管理学》,武汉大学出版社 1996 年版。

黄河:《传媒数字化管理》,中国传媒大学出版社 2011 年版。

申琦:《手机信息传播法律与管理问题研究》,厦门大学出版社 2010 年版。

刘林清:《广告监管与自律》,中南大学出版社 2003 年版。

刘凡:《中国广告业监管与发展研究》,中国工商出版社 2007 年版。

夏晓鸣:《现代广告管理学》,华中理工大学出版社 1997 年版。

黄升民:《中国广告 20 年》,武警音像出版社 2001 年版。

刘立宾:《中国广告猛进史(1979—2003)》,华夏出版社 2004 年版。

廖秉宜:《自主与创新:中国广告产业发展研究》,人民出版社 2009 年版。

陈培爱:《国家经济发展战略与中国广告产业创新发展研究》,厦门大学出版社 2011 年版。

黄升民、周艳、马丽婕:《广电媒介产业经营新论》,复旦大学出版社 2005 年版。

卢山冰:《中国广告产业发展研究——一个关于广告业的经济分析框架》,陕西人民出版社 2012 年版。

曾兰平:《中国广告产业制度问题检讨》,经济科学出版社 2009 年版。

黄迎新:《数字时代的中国电视产业研究》,厦门大学出版社 2012 年版。

张金海、黄玉波:《现代广告经营与管理》,首都经济贸易大学出版社 2006 年版。

陈刚:《当代中国广告史(1979—1991)》,北京大学出版社 2010 年版。

CTR 市场研究公司:《2005—2006 中国新兴媒体发展与研究(蓝皮书)》,北京广播学院出版社 2006 年版。

张耀辉:《产业组织与规制》,经济科学出版社 2006 年版。

丁俊杰、赵子忠:《问题解构与战略选择:中国广电产业发展研究》,中国传媒大学出版社 2009 年版。

徐沁:《媒介融合论:信息化时代的存续之道》,中国传媒大学出版社 2009 年版。

邵培仁:《媒介管理学》,高等教育出版社 2002 年版。

王菲:《媒介大融合:数字新媒体时代下的媒介融合论》,南方日报出版社 2007 年版。

谷虹:《信息平台论》,清华大学出版社 2012 年版。

黄升民:《中国广告主营销传播趋势报告》,社会科学文献出版社 2009 年版。

丁俊杰、乔均:《中国广告业生态环境:2002 年全国广告学术研讨会论文集萃》,中国工商出版社 2003 年版。

二、学术期刊

刘凡:《用科学发展观统领广告监管工作》,《中国工商管理研究》2004 年第 12 期,第 4—9 页。

屈建民:《继续加大广告监管执法力度巩固扩大整治成果》,《工商行政管理》2000 年第 22 期,第 1 页。

刘凡、南平:《中国广告的规范与创新:刘凡副局长广告监管对谈录》,《现代广告》2005 年第 12 期,第 5—10 页。

罗至上:《广告管理改革取向的行业思考——兼谈发挥广告协会的中观作用》,《工商行政管理》1994 年第 6 期,第 33—34 页。

夏清华:《中外广告管理比较》,《经济评论》1997 年第 3 期,第 79—84 页。

丁俊杰、王昕、何京等:《中国广告业的路径判断与选择》,《现代传播》2008 年第 4 期,第 7—12 页。

丁俊杰、王昕:《中国广告观念三十年变迁与国际化》,《国际新闻界》2009 年第 5 期,第 5—9 页。

丁俊杰、王昕:《媒体新生态环境中的广告传播思想展望》,《新闻前哨》2011 年第 1 期,第12—18 页。

黄升民、谷虹:《数字媒体时代的平台建构与竞争》,《现代传播》2009 年第 5 期,第 20—27 页。

黄升民、陈素白:《对中国广告监管核心问题的思考》,《现代广告》2006 年第 1 期,第 14 页。

黄升民:《全国户外广告整治情况专项调查报告》,《现代广告(第 120 期)》2005 年第 10 期。

陈刚:《中国广告管理的四个问题》,《广告大观》2005 年第 5 期,第 146—147 页。

杨柏松:《我国广告管理体制存在的问题及对策》,《河南广播电视大学学报》2003 年第 1 期,第 37—39 页。

戴丽娜:《如何完善我国广告监管体系》,《声屏世界》2005 年第 8 期,第 46—47 页。

张金海:《论我国广告监管机制的合理性建构》,《现代广告》2006 年学刊。

陈刚:《监管创新是中国广告管理发展的关键》,《现代广告》2006 年学刊。

周茂君:《关于我国广告管理体制改革的思考》,《武汉大学学报》(人文科学版)2002 年第 3 期,第 369—374 页。

周茂君:《我国广告游戏无规则现象透视》,《广告大观》2001 年第 4 期,第 12—14 页。

屈建民、吕志诚:《广告监管应对政策与措施》,《中华新闻报》2002 年 5 月 14 日。

王忠科:《广告管理也要依法行政——洛阳 14 家广告公司状告市建委乱拆广告一案的始末和思考》,《广告大观》2001 年第 3 期,第 66—67 页。

王梅:《新〈医疗广告管理办法〉解读》,《卫生软科学》2008 年第 1 期。

崔江宁:《入世之后的中国广告管理文化分析》,山东大学 2007 年论文。

夏茵茵:《中国近代广告管理评析及启示》,《山东大学学报》(哲学社会科学版)2009 年第 3 期,第 52—56 页。

刘晓丹:《我国名人广告管理现状调查研究报告》,《中外企业家》2009 年第 6 期,第 178—179 页。

刘小元、陈玉文、刘少冉:《在〈药品广告审查办法〉中增加对互联网药品广告管理的建议》,2009 年中国药学会药事管理专业委员会年会暨"国家药物政策与《药品管理法》修订研究"论坛论文文集 2009 年 4 月。

杨杰、陈相雨:《论广告产业生态系统理论的构建》,《南京林业大学学报》(人文社会科学版)2008 年第 1 期,第 101—104 页。

杨杰、陈相雨:《文化环境生态失衡与虚假广告的产生》,《广告大观》(理论版)2009 年第 3 期,第 100—104 页。

袁烨、王萍:《信息生态理论研究成果述略》,《情报科学》2009 年第 7 期,第 1114—1120 页。

杜国清、邵华冬、陈怡、石乔:《中国广告主互联网媒体营销传播研究》,《现代传播(中国传媒大学学报)》2010 年第 6 期,第 122—126 页。

冯菊香、冯广圣:《电视传播生态与生态传播》,《新闻爱好者》2010 年第 21 期,第 16—17 页。

韩文根:《关注广告生态环境》,《广告大观》2002 年第 9 期,第 7 页。

戴钰:《可持续发展视角下我国的传媒生态问题研究》,《中南林业科技大学学报》(社会科学版)2009 年第 2 期,第 110—113 页。

刘国基:《广告生态变迁与广告公司进化——关于宋秩铭对奥美中国年终谈话的随想》,《广告大观》(综合版)2009 年第 5 期,第 46—47 页。

廖秉宜:《从广告形态变迁看植入式广告的未来发展》,《广告大观》(理论版)2010 年第 2 期,第 21—24 页。

李桂芹:《社会生态视阈下的虚假广告研究》,《学理论》2010 年第 34 期,第 172—173 页。

陈刚:《中国广告产业重新定位的四个维度》,《广告大观》(综合版)2006 年第 12 期,第 24—26 页。

陈刚:《广告需求的变化与广告服务的转型》,《广告大观》(综合版)2007 年第 7 期,第 38—39 页。

陈刚、季尚尚:《微妙地前行——谈中国广告行业协会层面的变化》,《广告大观》(综合版)2007 年第 8 期,第 27—29 页。

陈刚:《当政府成为广告主》,《广告大观》(综合版)2012 年第 4 期,第 15 页。

张金海:《挑战下的广告:变革、创新、转型》,《广告人》20010 年第 4 期,第 40—41 页。

金定海:《广告:杂生与次生的生态演进》,《广告人》2003 年第 6 期,第 34—35 页。

黄升民、杨雪睿:《碎片化:品牌传播与大众传媒新趋势》,《现代传播》2005 年第 6 期,第 6—12 页。

黄升民、杨雪睿:《碎片化背景下消费行为的新变化与发展趋势》,《广告研究》(理论版)2006 年第 2 期,第 4—9 页。

杜国清、黄升民、徐冉:《中国药品广告传播存在的问题及对策研究》,《中国药事》2011 年第 1 期,第 39—43 页。

黄升民、刘珊:《三网融合下的"全媒体营销"建构》,《现代传播》(中国传媒大学学报)2011 年第 2 期,第 1—8 页。

黄升民、刘珊:《大国化和数字化双重压力催生"人营销"趋势》,《现代传播(中国传媒大学学报)》2012 年第 3 期,第 1—5 页。

黄升民、刘珊:《"大数据"背景下营销体系的解构与重构》,《现代传播(中国传媒大学学报)》2012 年第 11 期,第 13—20 页。

丁俊杰、黄河:《观察与思考:中国广告观——中国广告产业定位与发展趋势之探讨》,《现代传播(中国传媒大学学报)》2007 年第 4 期,第 78—81 页。

丁俊杰:《回归与重塑　危机下中国广告业的发展趋势》,《广告人》2009 年第 4 期,第 42—47 页。

丁俊杰:《中国广告的新思想》,《广告人》2010 年第 6 期,第 41—44 页。

丁俊杰:《要善待广告 善用广告》,《广告人》2011 年第 12 期,第 50 页。

丁俊杰:《让广告批评成为影响广告发展的重要力量》,《大市场》(广告导报)2006 年第 5 期,第 96 页。

丁俊杰:《WTO 与广告监管(上)》,《大市场》(广告导报)2002 年第 12 期,第 74—76 页。

丁俊杰:《WTO与广告监管(下)》,《大市场》(广告导报)2003年第1期,第74—76页。

丁俊杰:《不要捧杀也不要棒杀:中国广告业需要理智地呵护》,《大市场》(广告导报)2004年第6期,第59—60页。

丁俊杰:《战略层面的广告考量与发展视阈的广告监管》,《中国工商管理研究》2012年第10期,第25—28页。

吴辉:《广告的外部性及其消除——经济学视野下广告管理的制度安排》,《国际新闻界》2011年第12期,第101—106页。

徐铭瞳:《从中西方医疗广告管理制度看媒体自律》,《青年记者》2006年第19期,第77页。

张翔:《系统看待〈广告法〉的修订——兼谈意识变革与广告监管的关系》,《广告大观》(综合版)2006年第6期,第44—45页。

徐卫华:《浅谈〈广告法〉修订讨论的误区》,《法制与经济(下半月)》2008年第4期,第61—62页。

王欣:《滞后中发展〈广告法〉写就中国广告史——访国家工商总局广告司原司长刘保孚》,《中国广告》2010年第11期,第53—54页。

屈建民:《修改、完善〈广告法〉强化广告监管法制化建设》,《中国工商管理研究》2005年第3期,第1页。

杨景越、杨同庆:《广告法增加公益广告规定的建议》,《广告人》2009年第11期,第143—144页。

三、外文资料

Debra Harker. Achieving acceptable advertising: An analysis of advertising regulation in five countries[J]. *International Marketing Review*, 1998(2): 101—118.

Pitofsky Robert. Advertising regulation's State of the Union[J]. *Editor&Publisher*, 1996, 129(14): 56.

Joel J Davis. Ethics in advertising decisionmaking: Implications for reducing the incidence of deceptive advertising[J]. *The Journal of Consumer Affairs*, 1994, 28(2): 380—402.

Ross D Petty. FTC advertising regulation: Survivor or casualty of the Reagan Revolution[J]. *American Business Law Journal*, 1992, 30(1): 1—34.

Harold H Kassarjian, Waltraud M Kassarjian. The impact of regulation on advertising: A content analysis[J]. *Journal of Consumer Policy*, 1988, 11(3): 269—285.

Thomas V Greer, Paul R Thompson. Development of standardized and harmonized advertising regulation in the European economic community[J]. *Journal of Advertising*, 1985, 14(2): 23—64.

Boddewyn Jean. Advertising self-regulation: True purpose and limits[J]. *Journal of Advertising*, 1989, 18(2): 19—27.

Priscilla A Labarbera. The diffusion of trade association advertising self-regulation[J]. *Journal of Marketing*, 1983, 47(1): 58—67.

Labarbera A Priscilla. Analyzing and advancing the state of the art of advertising self—regulation[J]. *Journal of Advertising*, 1980, 9(4): 27—38.

David Neale John, Stuart Wyn Evans. Television advertising of pharmacy medicines in the United Kingdom[J]. *Pharmacy World&Science*, 2000, 22(4): 136—139.

Donald J Wright. Television advertising regulation and program quality[J]. *Economic Record*, 1994, 70(211): 361—367.

Ben M Enis, Dale R Spencer, Don R Webb. Television advertising and children: Regulatory vs. competitive perspectives[J]. *Journal of Advertising*, 1980, 9(1): 19—26.

Riggs David L., Holdsworth Stacy M., Mcavoy David R.. Direct-to-consumer advertising: Developing evidence-based policy to improve retention and comprehension[J]. *Health Affairs*, 2004, 33(11): 249—252.

James M Jeffords. Perspective: Direct-to-consumer drug advertising: You get what you pay for [J]. *Health Affairs*, 2004, 33(1): 253—255.

Lexchin Joel, Barbara, Mintzes. Direct-to-consumer advertising of prescription drugs: The evidence says no[J]. *Journal of Public&Marketing*, 2002, 21(2): 194—201.

图书在版编目(CIP)数据

广告生态系统变迁中的中国广告管理研究/王昕著. —北京:中国传媒大学出版社,2015.5
ISBN 978-7-5657-1297-5

Ⅰ.①广…　Ⅱ.①王…　Ⅲ.①广告—经济管理—研究—中国
Ⅳ.①F713.82

中国版本图书馆 CIP 数据核字（2015）第 035440 号

广告生态系统变迁中的中国广告管理研究

著　　者	王　昕
策　　划	蒋　倩
责任编辑	欣　雯　李　明
责任印制	阳金洲
封面设计	大鹏设计
出 版 人	王巧林
出版发行	中国传媒大学出版社
社　　址	北京市朝阳区定福庄东街 1 号　邮编:100024
电　　话	86—10—65450528　65450532　传真:65779405
网　　址	http://www.cucp.com.cn
经　　销	全国新华书店
印　　刷	北京中科印刷有限公司
开　　本	787×1092mm　1/16
印　　张	10.25
版　　次	2015 年 5 月第 1 版　　2015 年 5 月第 1 次印刷
书　　号	ISBN 978-7-5657-1297-5/F·1297　　**定　　价**　45.00 元